W0189476

blue notes
11

Der aufregende Lebensweg der Verlegerin, Reporterin und Millionenerbin Nancy Cunard, die aus dem goldenen Käfig ihrer Jugend ausbrach, sich leidenschaftlich und ohne Kompromisse der Literatur und dem politischen Aktivismus verschrieb und dabei oft genug gegen die Spielregeln der feinen Gesellschaft verstieß. Die Freundin Janet Flanners, Pablo Nerudas und Tristan Tzaras machte die Bekanntschaft der Surrealisten um André Breton und war von 1926 – 1928 die Lebensgefährtin Louis Aragons. In der Hours Press, dem von ihr ins Leben gerufenen Verlag, erschienen u.a. Texte von Ezra Pound, T. S. Eliot und Samuel Beckett.

Neben der Literatur war die unbedingte Liebe zu den Minderheiten die zweite große Leidenschaft, der sich Nancy Cunard zeitlebens mit Haut und Haaren verschrieb. Als unermüdlich Reisende war sie ständig auf der Suche nach neuen Herausforderungen und so traf man sie mit dem Skizzenblock mitten auf dem Kriegsschauplatz des Spanischen Bürgerkrieges.

Unda Hörner

Nancy Cunard

Enfant terrible der Pariser Bohème

edition ebersbach

INHALT

Maud Alice Burke, die Mutter von Nancy Cunard, wurde 1872 in San Francisco geboren. Halb Amerikanerin, halb Französin, stammte sie zwar aus einer wohlhabenden, jedoch nicht hochwohlgeborenen Familie. Zu den Bällen und Tanztees der Aristokratie wurde sie nicht geladen, was die Heranwachsende wurmte und ihren gesellschaftlichen Aufstiegswillen um so mehr anstachelte. Von ihren brennenden Sehnsüchten verführt, griff sie der erträumten Wirklichkeit vor und verbreitete das Gerücht ihrer Verlobung mit einem polnischen Adligen, dem Prinzen Poniatowski, das zu ihrer größten Zufriedenheit umgehend in den Klatschspalten der Gesellschaftskolumnen verbreitet wurde. Der überrumpelte Traumprinz zwang sie allerdings zum öffentlichen Dementi – eine Blamage, der die selbsternannte Braut eilends durch Flucht nach Europa zu entgehen wusste. Die Gelegenheit, Amerika zu verlassen, trat in Gestalt von Sir Bache Cunard in ihr Leben. Er war der Enkel des Gründers der Cunard-Line, eines Schifffahrtsimperiums, welches seinerzeit zu den finanzstärksten Unternehmen der Welt zählte. Wer den Atlantik überqueren wollte, ging an Bord der Queen Mary und der Queen Elizabeth, der beiden Ozeanriesen des Reeders. Im April 1895 heiratete Maud Alice den rund zwanzig Jahre älteren Mann in New York, und wenige Tage nach der Zeremonie setzte das Paar nach Großbritannien über, wo sich die Jungvermählte fortan nicht nur mit Sterling, sondern

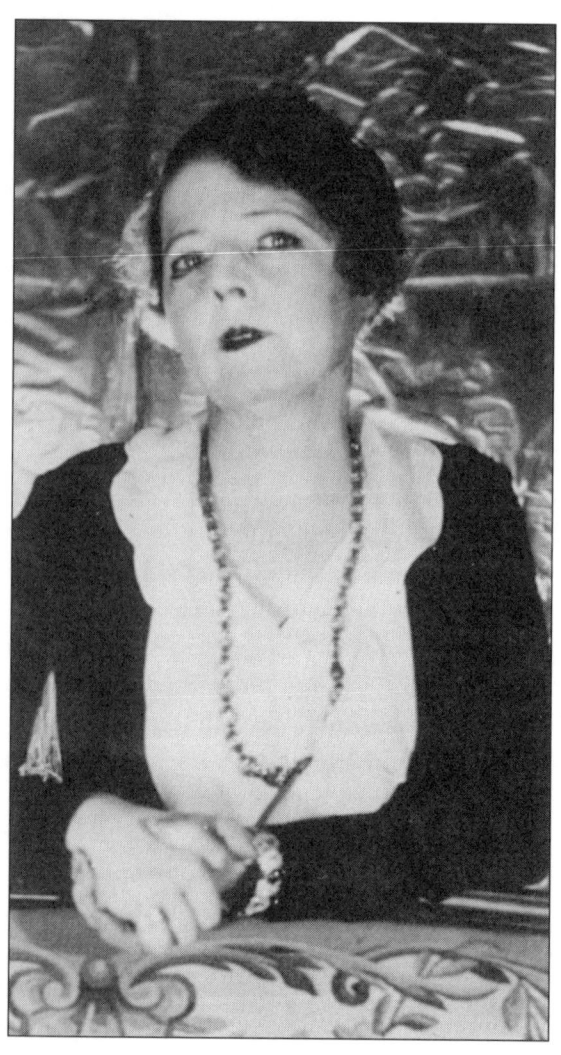

Lady Maud „Emerald" Cunard

auch mit dem Titel einer Lady schmücken durfte. Und weil ihr die eigenen Vornamen wohl zu bürgerlich und mittelmäßig klangen, legte sie diese ab und nannte sich fortan Lady Emerald – wegen ihrer Vorliebe für Smaragdgrün. Das einzige Kind der Cunards, Nancy Clara, kam ein knappes Jahr nach der Eheschließung, am 10. März 1896, in Nevill Holt im englischen Leicestershire zur Welt.

Sir Bache Cunards ebenso ehrwürdiges wie düsteres Anwesen in Nevill Holt, eine inmitten englischer Rasenfluren gelegene Residenz im pompösen viktorianischen Stil mit großem Fuhrpark und weiten Zimmerfluchten, verwandelte sich unter der Regie von Lady Emerald Cunard in ein Haus der offenen Tür, wo Künstler und Honoratioren der High Society sich bald die Klinke in die Hand gaben. Die neue Dame des Hauses genoss es, endlich gesellschaftlicher Mittelpunkt zu sein, und sie hatte freie Hand, denn ihr Gatte befand sich häufig auf Geschäftsreise. Kam er nach Nevill Holt zurück, fand er seine Frau im Salon vor, inmitten einer Schar parlierender und musizierender Gäste. Für den eher introvertierten und distinguierten Gentleman, der sich lieber auf weitläufigen Golfplätzen und in Englands ausgedehnten Jagdrevieren verlor, war dieser Trubel eine regelrechte Qual. Immer häufiger zog er es vor, sich zu absentieren, und es war nur eine Frage der Zeit, bis die standesgemäße Mesalliance

Nevill Holt, Leicestershire, um 1902,
mit Nancy im Eingang

zweier so ungleicher Temperamente ein Ende fand. Lady Cunard, die es zu den Musenjüngern hinzog, begann nach gut zehn Ehejahren ein Verhältnis mit dem aufstrebenden Dirigenten Thomas Beecham, der ein häufiger Gast ihres Salons war. Eine Scheidung kam zunächst jedoch nicht in Frage. Sir Bache Cunard lehnte es ab, als geschiedener Mann zu gelten, und zog die Rolle des Strohwitwers auf Dauer vor. So folgte die Lady ihrem Liebhaber als dessen *maîtresse en titre* in die Hauptstadt und ließ ihren Mann allein in Nevill Holt zurück.

In London konnte sie ihre gesellschaftliche Stellung noch weiter ausbauen als auf dem Landsitz: Sie rief einen Salon ins Leben, der sich schon nach kurzer Zeit neben denen von Lady Sybil Colefax und Lady Ottoline Morell in London behaupten konnte. Diese Jahrmärkte der Eitelkeiten wurden von den tonangebenden Ladies inszeniert, die um Stammgäste wetteiferten, welche aus dem Königshaus oder dem Garsington Manor Parlament zu ihnen kamen. Lady Emeralds smaragdgrün tapezierter Salon, zu dessen Stars der Prinz von Wales, der Herzog von Kent, Thomas Beecham und der irische Dichter George Moore zählten, konkurrierte mit dem von Lady Sybil Colefax, die sich mit der Gunst von Premierminister Lord Asquith und von Max Beerbohm, dem Herausgeber der ehrwürdigen *Times*, brüsten durfte. Lytton Strachey, der zynische Biograph und eine Galionsfigur des Bloomsbury-

Zirkels um Virginia Woolf, fand Lady Cunard „recht amüsant mit ihrer kecken Aufschneiderei. Neben ihr erscheint der Rest wie welkes Herbstlaub."[1]

Zu dem Zeitpunkt, da Lady und Sir Cunard getrennte Wege gingen, war Nancy ein vierzehnjähriges, hochaufgeschossenes Mädchen. Die Trennung der Eltern mochte kaum einschneidende Veränderungen in ihren Alltag bringen – der Vater war ohnehin stets auf Reisen oder auf der Jagd, und die Mutter als geschäftige Gesellschaftsdame kümmerte sich nach wie vor weniger um ihr heranwachsendes Töchterchen als um die Gäste des Hauses. Nancy stand im Elternhaus, in dem ungefähr vierzig Bedienstete angestellt waren, ohnehin von Anfang an unter Aufsicht fremder Menschen, von Nannies und Hauslehrerinnen. „Irgendwie fühlte ich mich vollkommen losgelöst von beiden – und ich war es ja auch. Als Einzelkind, das sich zumeist in aller Stille darüber wundert, welchen Gang das Leben so nimmt, stand ich ihnen bewundernd und kritisch gegenüber."[2]

Den fehlenden Vater ersetzte ihr ein anderer: Der irische Dichter George Moore galt als ein glühender Verehrer Lady Cunards. Seit 1910 war er regelmäßiger Gast in Nevill Holt, und es wurde sogar gemunkelt, dass er der leibliche Vater von Nancy sei. Schon Lady Cunard hatte sich als Kind in Gesellschaft des frankophilen Hausfreundes Horace Carpentier als Alice im Wunderland fühlen dürfen; nun bewährte sich George

Moore als väterlicher Freund der kleinen Nancy. Dabei nahm er nicht nur den Platz des oft abwesenden Sir Cunard ein, sondern setzte auch Maßstäbe für Nancys spätere Erwartungen an die Männer: Sie konnten ihr gar nicht musisch und intellektuell genug sein. Nancy musste nicht jedes Wort begreifen, das die Erwachsenen sprachen, um zu spüren, dass der konversationsgewandte ältere Herr sich von der oft dünkelhaften Gesellschaft im Salon ihrer Mutter unterschied. Durch seine lebhafte, pointierte und gestenreiche Redeweise hob er sich von den übrigen Salongästen ab, mit Ironie gefiel er sich mitunter in der Rolle des *agent provocateur*, und schon bald galten der Dichter und das Kind als heimliche Komplizen. Hielt Moore sich in Nevill Holt auf, durchstreiften sie in trauter Zweisamkeit den Park, war er wieder in seine Heimatstadt Dublin abgereist, setzten sie ihre Unterhaltungen in Briefen fort – das Schreiben hatte er höchstpersönlich Nancy beigebracht. Während Lady Cunard sich mit ihren Freundinnen beim Bridge vergnügte, spielte Moore seiner jungen Gefährtin Bücher in die Hände, kaum dass sie lesen konnte, und entführte sie so in ein Reich, das jenseits der gesellschaftlichen Schaubühne lag: in das Reich der Literatur. Was sich zwischen den Figuren auf den Seiten der Bücher ereignete, war fesselnder als das Gesellschaftsstück, das regelmäßig im Salon ihrer Mutter gegeben wurde. Auf den letzten Seiten ihres Tagebuchs aus dem Jahr 1910 zog Nancy in einer langen Liste Bilanz, welche Autoren sie gelesen hatte: Scott, Shelley, Schiller, Molière, Daudet, Dickens, Corneille und natürlich Shakespeare – kein unansehnliches Lesepensum für eine Vierzehnjährige! In der privaten Mädchenschule, die sie besuchte, galt sie als überdurchschnittlich begabt. Lady Cunard billigte die Freundschaft und den pädagogischen Einfluß, den Moore auf ihre Tochter ausübte, aber es war ein kleiner Skandal, als herauskam, dass Moore der elfjährigen Leserin auch einen Roman ans Herz gelegt hatte, der stellenweise als schlüpfrig galt.

Als Nancy ihr siebzehntes Lebensjahr erreicht hatte, wurde sie zu Literatur- und Musikstudien zuerst nach München, dann nach Paris geschickt. Paris! Der Teenager witterte Freiheit und Abenteuer. Was hatte ihr George Moore nicht alles von der Lichterstadt an der Seine, in der er selbst gelebt hatte, erzählt! Doch in einem vornehmen Mädchenpensionat kam das böse Erwachen: Die Schülerinnen wurden von der streng protestantischen Schulleiterin und den Lehrerinnen gegängelt. Sinn und Zweck des dem Schöngeistigen gewidmeten Abstechers war einzig und allein, aus den jungen Mädchen der Oberschicht gute Ehefrauen zu machen und ihnen einen letzten Schliff an Bildung und Kultur zu geben. Sooft Nancy dem strengen Stundenplan des Pensionats entfliehen konnte, besuchte sie die Opéra oder die Comédie Française. Von dem, was 1913 von Paris aus die Künste revolutionierte, vom

Kubismus Pablo Picassos oder George Braques, von Marcel Duchamps Readymades, von Guillaume Apollinaires Alcools oder Alain-Fourniers Grand Meaulnes bekam Nancy damals noch nichts mit, aber der Schauplatz Paris blieb ein Versprechen für die Zukunft. Auch nach ihrer Abreise beschäftigte sie sich in Gedanken mit der Stadt jenseits des Ärmelkanals, mit dem Charme ihrer Straßen.

Nachdem Nancy nach London zurückgekehrt war, setzte Lady Cunard alles daran, ihre Tochter standesgemäß zu verheiraten. Abend für Abend gab es rauschende Bälle und große Empfänge, „Maud hatte stets Freude daran, Nancys Garderobe auszusuchen, und nun begann eine veritable Einkaufs-Orgie, denn sie hatte beschlossen, dass ihre Tochter die eleganteste Debütantin des Jahres sein sollte."[3] Nancys Jugendfreundin Iris Tree – aus der eine recht erfolgreiche Schauspielerin wurde – erinnert sich: „Nancy und ich liebten es, uns für die Künstlerbälle in Chelsea, die in der Royal Albert Hall stattfanden, unsere eigenen Kostüme zu entwerfen, die von Beardsley und Bakst beeinflusst waren."[4] Am liebsten wäre es Lady Cunard gewesen, Nancy mit dem Thronfolger, dem Prinzen von Wales, zu verkuppeln – doch ihre Tochter fand den Prinzen schüchtern und so langweilig, wie das Zeremoniell bei Hofe. Der Champagner, der in großen Mengen floss, erwies sich dabei für sie noch als das

Prickelndste. Wenn Nancy an jenen Abenden etwas lernte, so war es nicht das Leben der feinen englischen Gesellschaft, sondern die Trinkfestigkeit. Und die Männer, die ihr Interesse weckten, waren schräge Vögel und entpuppten sich am Ende als homosexuell, so wie Osbert Sitwell oder Cecil Beaton.

Mit ihren beiden engsten Freundinnen, Iris Tree und Lady Diana Cooper, besuchte Nancy die Pferderennen in Ascot, sportliche Ereignisse, die dem Trio gleichermaßen als Moden- und Brautschau dienten. Nicht mütterliche Fürsorge, sondern ein großartiges Spektakel mit vielen Darstellern war ihr zu Hause geboten worden: „All diese aufwendigen Toiletten mit ihren Rüschen und Volants, die Schleier mit großen, eleganten Tupfen darauf, die Federboas erweckten in mir die Sehnsucht, erwachsen zu werden und ebenfalls solche Sachen zu tragen."[5] Zwar hatte sie die Vorliebe für besonders exzentrische Kleidung von ihrer Mutter übernommen, doch Nancys ureigener Stil wurde immer ausgeprägter und entwickelte sich in jener Zeit. Statt der auffälligen, aber recht konventionellen Rüschenkleider und blumengarnierten Wagenradhüte trug sie Schlauchkleider und giftgrüne Handschuhe; Applikationen aus Raubtierpelz an jedem erdenklichen Kleidungsstück wurden bald zu ihren Markenzeichen, ebenso wie ein ganzes Sortiment afrikanischer Armreife aus Horn und Elfenbein, die sie auf Flohmärkten und bei Antiquitätenhändlern zusammenkaufte.

Nancy (links) mit Lady Diana Manners
beim Pferderennen im April 1914

Die Tochter machte der Mutter bald den Rang strei-
tig, die junge Miss Cunard war der Blickfang bei gesellschaftlichen Ereignissen, was die eitle Smaragd-Lady
nur schlecht vertrug. Die Tochter hatte sich zu ihrer
ärgsten Rivalin, zum *enfant terrible* entwickelt. Sie
rauchte und schminkte sich das Gesicht weiß, so dass
sie aussah wie eine Figur der Commedia dell'Arte.

Für Nancy, die sehr früh den Dünkel und die Un-
aufrichtigkeit der Beziehungen in den Salons durch-
schaute, war die eigene Mutter nicht mehr als eine
Figur aus einem Gesellschaftsstück. Unpersönlich
bleibt sie in ihren Erinnerungen *The hostess* [die Gast-
geberin]: „Sie fand Gefallen am Musischen, Literar-
ischen und am Künstlerischen, sie liebte und förderte
gehobene Konversation, zu der sie selbst mit leichtem,
zauberhaftem Witz beitrug, und sie entwickelte eine
bemerkenswerte Gewandtheit bei Gesprächsthemen
aller Art. Im späteren Verlauf schwand all das, *con brio
furioso*, doch die Zeiten in Holt beschwören Wörter
wie 'großzügig, bequem und zwanglos' herauf."[6] Die
von ihren Gästen umschwärmte Mutter, deren Jagd
nach Bestätigung sie schon immer daran gehindert
hatte, der Tochter ein rechtes Maß an Aufmerksamkeit und Liebe zu schenken, wurde durch den neuen
Lebensgefährten, dessen Dirigentenkarriere sie ehr-
geizig förderte, erst recht in Anspruch genommen.
Solange sich Nancy im Hause ihrer egozentrischen
Mutter befand, stand sie im Schatten dieser Frau, und

es war besonders schmerzhaft für sie, in den Gesellschaftskolumnen immer wieder mit der Mutter verglichen zu werden: „Nancy Cunard ist eines der bekanntesten Mädchen der Stadt [...]. Sie ist blond und von frischem Äußeren und sieht nur wenig jünger aus als ihre Mutter ... Hübsch wie eine Puppe, ist sie auch noch recht geistreich und klug."[7] Welche Tochter möchte schon so alt aussehen wie ihre Mutter? Allmählich entwickelte sich in Nancy blanker Hass gegenüber Lady Cunard, die ihre Tochter wegschickte und selbst immer wieder Reisen unternahm, der es egal zu sein schien, wie es ihrer einzigen Tochter ging. In jenen Jahren muss Nancy wohl beschlossen haben, aus ihrem Leben einen genauen Gegenentwurf zu dem ihrer Mutter zu machen. Umgekehrt sah die Mutter in der Tochter eine Konkurrentin heranwachsen: Da lag es auf der Hand, dass Lady Cunard, um eine „Tochter" ganz im Sinne ihrer eigenen Vorstellungen zu haben, sich eine von Nancys Freundinnen auserkor, die etwas ältere Lady Diana Manners, die sich immer mehr zu einem Gegenbild Nancys entwickelte. Als Lady Diana erfüllte sie später ihre gesellschaftlichen Pflichten an der Seite ihres Gatten Duff Cooper, der nach dem Zweiten Weltkrieg als erster britischer Botschafter nach Paris berufen wurde. Es spricht für sich, dass Lady Diana ein Buch über *Victorian Sentimental Jewellery* herausgab, zu einem Zeitpunkt, da Nancy dieser Art von Pretiosen längst ihre Armreifen aus

Horn und Elfenbein vorzog. Während Diana die Traditionen fortsetzte und sogar zu einer der besten Freundinnen Lady Cunards avancierte, weigerte Nancy sich strikt, in der Welt Fuß zu fassen, in der sie herangewachsen war; sie verzichtete darauf, von den Kontakten ihrer Mutter zu profitieren, was der einfachste Weg gewesen wäre, sich einen Namen in der Gesellschaft zu machen.

1914 war der Erste Weltkrieg ausgebrochen, und das gesellschaftliche Leben in London veränderte sein Gesicht. Auf den Bällen der Stadt waren die Männer rar; nur beurlaubte oder verletzte Offiziere tauchten zwischen den vielen Damen in großer Toilette auf. Unter den Uniformierten befand sich eines Abends ein gewisser Sydney Fairbairn, ein drahtiger Australier von dreiundzwanzig Jahren. Sie tanzten miteinander, freundeten sich an. Dann geschah etwas, was Nancy Cunard später als einen Ausrutscher bezeichnete: sie heiratete den Offizier. Nancy kannte ihn ein Jahr, von Liebe sprach sie nicht, als am 15. November 1916 die Trauung stattfand. Die Braut trug ein goldenes Kleid und verzichtete auf die sonst üblichen, blumenstreuenden Brautjungfern – sehr zum Ärger der Brautmutter, deren eigentliches Ärgernis jedoch darin bestand, dass Nancys Wahl nicht auf einen Politiker oder gar auf einen Adligen gefallen war, sondern auf einen australischen Offizier, also längst nicht die gute Partie, die Lady Cunard sich für ihre Tochter versprochen hatte. Was hatte die Heirat zu bedeuten? War es wirklich Nancys ernstgemeinter Versuch, sich wie eine Tochter aus gutem Hause zu verhalten? Oder hatte sie die Rolle der Ehefrau freiwillig besetzt, um nicht länger die der Tochter spielen zu müssen? Wie auch immer, es war kein guter Tausch: Die Ehe der beiden jungen Leute überdauerte keine zwei Jahre, und mit großer Wahrscheinlichkeit wäre sie schon eher beendet gewesen, wenn der Offizier durch den Krieg nicht davon abgehalten worden wäre, mehr Zeit mit seiner Gattin zu verbringen. Nancy wollte lesen und selber dichten, Fairbairn frönte dem Sport, belächelte Nancys romantisches Hobby und stand ihren musischen Interessen gänzlich verständnislos gegenüber. Die Ehe blieb für Nancy eine „Zäsur zwischen vielen guten vergangenen Dingen und weiteren guten Dingen, die noch kommen sollten."[8]

Zu den guten Dingen gehörte Nancys Freundschaft mit Sybil Hart-Davis. Gemeinsam mit ihr und ihren zwei Kindern verbrachte sie den Sommer 1918 in einem Haus an der Küste in Bagpuize, Oxfordshire. In dieser „Weiberwirtschaft" fand Nancy Zeit für die Dinge, die sie liebte. Sie schrieb Gedichte und las, und die beiden Frauen hielten Hof – irgendwo stand immer eine entkorkte Flasche; das Grammophon dudelte den lieben langen Tag. Bei dieser Gelegenheit verliebte sie sich in einen Offizierskollegen ihres Mannes, Peter Broughton Adderley.

Nancy hatte eine Vernunftehe geschlossen, die sie so bald wie möglich wieder zu beenden trachtete, doch Fairbairn willigte nicht in die Scheidung ein, weil er seine militärische Karriere und seinen unbescholtenen Ruf dadurch bedroht sah. Man einigte sich, wie einst Nancys Eltern, auf räumliche Trennung. Sie hasste es, wieder in ihren alten Räumen am Grosvenor Square im Hause der Mutter zu leben, weswegen sie sich häufig im Eiffel Tower herumtrieb, einem Künstler- und Intellektuellentreff in London. Die wiedergewonnene Freiheit verhalf Nancy in jenen Jahren zu zwei Affären: mit Michael Arlen, der 1922 seine ersten Novellen veröffentlichte, und mit Aldous Huxley, zwei Jahre älter als Nancy und seit zwei Jahren verheiratet. Ihretwegen setzte er seine Ehe aufs Spiel, und seine Frau Maria stellte ihm ein Ultimatum. Beide Männer verewigten die Geliebte in ihren Texten. In Huxleys Novelle *Antic Hay* ist sie das Vorbild für die Figur Myra Viveash; Arlen gestaltete in seinem Roman *The Green Hat* [Der grüne Hut], mit dem er zum Erfolgsautor avancierte, seine Protagonistin Iris March nach ihr. In die gemeinsame Zeit mit ihm fiel ein einschneidendes Erlebnis, das Nancy fast das Leben gekostet hatte. 1921, in ihrem Tagebuch, hatte sie lapidar notiert: „Dez.-Jan.-Feb. in Paris im Krankenhaus. Erster Eingriff: Curetage. Zweiter Eingriff: Entfernung der Gebärmutter. Dritter Eingriff: Blinddarmentzündung, Bauchfellentzündung, Wundbrand mit einer Überlebenschance von zwei Prozent."[9] Nancy machte gegenüber Freunden zwar kein Geheimnis aus dieser Operation, jedoch überspielte sie ihr Trauma mit saloppen Bemerkungen über die grenzenlose sexuelle Freiheit, die ihr fortan beschert sei – unfreiwillig jene Libertinage für sich als Frau geltend machen zu können, die sich die zeitgenössischen Rebellen der Avantgardebewegungen, die Dadaisten und Surrealisten, auf die Fahnen geschrieben hatten. Michael Arlen und seinem Erfolgsroman *The Green Hat*, in dem er sich offenbar ohne jede Selbstzensur der Krankengeschichte seiner Geliebten bediente, hatte sie es zu verdanken, dass ihr persönliches Drama umgehend zu einem Klatschthema in Londoner Gesellschaftskreisen verkam, eine Publicity, die ihr widerwärtig war, auch wenn sie die Contenance bewahrte: „Habe eine entsetzliche Party besucht, wo ein ausgemachtes Schwein [...] definitiv herauszufinden versuchte, ob ich der Grüne Hut sei! Wer kann das noch überbieten? Was den Hut angeht, ist das unbeschreiblich."[10] Als 1926 sogar noch eine Theaterfassung von *The Green Hat* folgte, die am Londoner Strand und am Broadway in New York Erfolge feierte, konnte alle Welt im Bilde über Nancys Tragödie sein. Im Eiffel Tower verbrachte sie Tage, Abende und Nächte, immer auf der Suche nach Unterhaltung und vielleicht auch nach einem Menschen, der ihr sagen könnte, was sie mit dem Rest ihres Lebens anfangen sollte. Dora Carrington etwa studierte Malerei an der Slade School of Arts; Freunde rieten Nancy, sich von Lytton Strachey in Literatur unterweisen zu lassen. Nancy aber fand die größte Befriedigung weiterhin im Schreiben eigener Gedichte. [Sie erinnerte sich später: „Zu den Vergnügungen meiner frühen Kindheit gehörte, mit den Hausmädchen durch die Schlafzimmer zu gehen, um nachzusehen, ob für die ankommenden Gäste alles hergerichtet sei. Dabei mußte ich mich um Tinte, Stifte, Schreibpapier, kurzum um die Schreibtische kümmern."[11] Es dauerte nicht lange, und Nancy nahm die Schreibutensilien, um die sie sich als Mädchen in den Gästezimmern von Nevill Holt gekümmert hatte, selbst zur Hand.] Nancy hatte sich schon in den Briefen an George Moore im Verseschreiben geübt, und 1915 hatte ihr Cousin Victor eines ihrer Gedichte in Etons College Chronicle abgedruckt, den er herausgab. Ein Jahr darauf nahm die Schriftstellerin Edith Sitwell sieben von Nancys Gedichten in eine Anthologie auf, die nach dem Titel eines ihrer Gedichte *Wheels* [Räder] genannt wurde. 1921 erschien die Sammlung *Outlaws* [Geächtete], 1923 *Sublunary* [Unter dem Mond]. Über *Wheels* schreibt Nancy Cunards Biographin Anne Chisholm, es sei die Arbeit einer intelligenten, einfühlsamen Person, die sich redlich bemüht, poetisch zu sein.[12] Die zeitgenössische Kritik zeigte sich nicht besonders gnädig. In der Literaturbeilage der *Times* wurden die

Gedichte als „durchaus akzeptabel" apostrophiert, der Manchester Guardian schrieb, sie seien „eher vielversprechend als vollendet."[13] George Moore urteilte ein wenig doppelsinnig über die lyrischen Schöpfungen seines ambitionierten Schützlings: „Nancy besitzt mehr Genie als Talent", und der amerikanische Journalist Morris Gilbert nennt sie eine „begabte Amateurin".[14] 1925 publizierte die Hogarth Press – der Verlag von Virginia und Leonard Woolf – Nancy Cunards langes Poem „Parallax", dem Kritiker zu Recht eine Verwandtschaft mit T. S. Eliots „The Waste Land" [Das wüste Land] bescheinigten. Schon der Titel von „The Knave of Spades"[15] [Pikbube] aus Nancy Cunards Gedichtsammlung *Outlaws* legt diesen Vergleich nahe: An T. S. Eliot erinnern der Rhythmus der freien Verse und die Metaphern, voll von abendländischem Bildungsgut, wobei nicht allein Belesenheit, sondern Nancys ganze Weltläufigkeit ein Szenario schafft, das französische Küstenorte, italienische Pilgerstätten und die sattgrünen Hügel der Midlands beschwört. Abermals in der *Times* hieß es, *Parallax* „scheint die Schöpfung eines energiegeladenen Geistes zu sein: Sie besitzt jene Komplexität und jenen Realitätssinn, den Dichtung von Frauen so häufig vermissen lässt"[16] – und die, gemessen an den Kriterien der Herren Rezensenten, nur ungenügend sein konnte. Moore schließlich hatte Nancy in seiner Kritik indirekt gewarnt: „Genie vergeht, wenn es nicht von Talent unterstützt wird.

Ein zerbrechlich Ding ist das Genie, genau wie die Seele, und es wird nicht älter als dreißig Jahre, wenn nicht weitreichende Vorkehrungen des Talents dafür getroffen werden."[17] George Moore, der Nancys unstetes und immer auf Widerspruch beharrendes Wesen kannte, lag mit seinen Prophezeiungen tatsächlich nicht falsch: Nancy war ziemlich genau dreißig Jahre alt, als sie das so schwungvoll begonnene Dichten von Versen wieder bleiben ließ. Mit der Poesie hatte sie sich auf ein Genre kapriziert, das auf den ersten Blick durch die Kürze der Form zu spontaner Schöpfung einlud, dessen künstlerische Weiterentwicklung – zumindest nach Moores Kriterien – jedoch nach sprachlicher und geistiger Vertiefung verlangte. Geduld und Disziplin aber, die dafür notwendig waren, gehörten nicht zu Nancys Stärken. Ein anderer Grund für Nancys Absage an die Dichtung war vielleicht die Tatsache, dass ihre Mutter durch ihre guten Verbindungen dafür hatte sorgen können, dass Gedichte von Nancy im *Observer* abgedruckt wurden. Schon wieder war sie nur die „begabte, dichtende Tochter" Lady Cunards. In London war für zwei Königinnen kein Platz.

Inzwischen hatte ein ganz anderes Abenteuer begonnen. Zehn Jahre war es her, seit Nancy als Schülerin Paris den Rücken gekehrt hatte. Im Herbst 1923 überquerte sie erneut den Ärmelkanal. Auf der von der Seine umflossenen Ile St.-Louis, mitten im Herzen von Paris, in einer Erdgeschosswohnung mit Blick auf Notre-Dame in der Rue Regrattier 2, hatte sie sich ein Domizil gesucht. In jenen Jahren war Paris – eine Frau[18]. Die Freundschaft mit Janet Flanner, die unter dem Pseudonym Genêt bald ihre beliebten Reportagen für den New Yorker schrieb, und mit Solita Solano, die sich – weniger erfolgreich – an Novellen und Gedichten versuchte, intensivierte sich bald zu einem produktiven Dreieck. Den Inhalt der Kleiderpakete, die Lady Cunard immer noch regelmäßig an Nancys Pariser Adresse schickte, teilte sie unter den Freundinnen auf. In den beiden gleichaltrigen Frauen, die ebenfalls jede eine unglückliche Ehe hinter sich hatten, und die, wie sie selbst, im Schreiben ihren Lebenssinn suchten, fand sie ihre Ebenbilder.

Paris war in jenen Jahren das Zentrum der künstlerischen Erneuerung überhaupt. Max Ernst stellte erstmals seine Bilder in der Buchhandlung Au Sans Pareil aus; Diaghilev war mit seinem russischen Ballett auf der Höhe seines Ruhms, und 1922 hielten die Surrealisten ihre ersten Hypnosesitzungen ab, mit denen sie Freuds jüngste Erkenntnisse über das Unbewusste für die Künste fruchtbar machen wollten. Besonderes Aufsehen erregte im Jahre 1924 eine Schrift, die als Erstes Manifest des Surrealismus die Runde in Paris machte. Unterzeichnet war es von einer Reihe zorniger, junger Männer, angeführt von André Breton, die mit Furor zu einer neuen Erklärung der

Menschenrechte aufriefen: Eine Gesellschaft, die in einen Weltkrieg gesteuert war, brauchte, wie sie meinten, eine vollkommen neue Organisationsform. In der Rue de Grenelle, unweit des Boulevard St.-Germain, hatten sie auch ein Bureau Central des Recherches Surréalistes eröffnet, wo sie den gesellschaftlichen und politischen Umsturz durch die Kunst generalstabsmäßig planten. *Tout Paris* war eingeladen, vorbeizukommen und sich die surrealistischen Objekte und Gemälde anzusehen, die dort ausgestellt waren, Abgüsse von Frauenkörpern oder Bilder von Giorgio de Chirico. Diskussionsbeiträge waren erwünscht, Damenbesuche noch viel mehr. Nancy Cunard gehörte zu den ersten Schaulustigen, die in der Rue de Grenelle aufkreuzten und Interesse an den Aktivitäten der Gruppe um André Breton bekundeten. In den Annalen des Büros verzeichnete René Crevel ihr Erscheinen am Dienstag, den 18. November 1924. Ihr Auftritt muss die jungen Männer beeindruckt haben: Nancy mit ihrem in extravagante Kleider gehüllten, ätherischen Körper, entsprach dem idealen Frauenbild der Surrealisten. Vor allen Dingen einen aus der Gruppe hatte sie fasziniert: Louis Aragon, den Dandy der Gruppe.

So kam es zu einer ersten Begegnung zwischen Nancy Cunard und Louis Aragon. Zwischen 1926 und 1928 gaben die beiden ein, wie Claire Goll schrieb, „drolliges und vergnügtes Paar"[19] ab. Ganz so vergnügt blieb es jedoch nicht. Die beiden fanden ineinander ein Spiegelbild, einen Spiegel der eigenen Seele: Von seinen Freunden einstimmig als recht gefallsüchtig und mit Hang zum Snobismus charakterisiert, war auch Aragon wie Nancy ein narzisstischer Egozentriker und hatte ebenfalls ein verwickeltes Verhältnis zu seiner Mutter: Er war unehelich zur Welt gekommen, und um den gesellschaftlichen Skandal zu vermeiden, hatten seine Großeltern zunächst veranlasst, das Baby mit einer Amme vor die Tore der Stadt zu schicken. Nach zwei Jahren, als sie hofften, dass Gras über die Sache gewachsen war, holten sie das Kind zurück und gaben sich selbst als die Eltern aus. Bis zu seinem zwanzigsten Lebensjahr hielt Louis seine leibliche Mutter für seine ältere Schwester. Nancy war beseelt von der Mission der Surrealisten, von ihrer Begeisterung für die kommunistische Partei. *Epater le bourgeois*, Bürgerschreck sein, mit diesem Motto waren sie angetreten – und der Bruch mit den Altvordern stand auch auf Nancys Fahnen.

Nancy entführte den Liebhaber die meiste Zeit in ferne Länder. Mit diktatorischem Gebaren ahndete Breton Aragons häufiges Fernbleiben von den Zusammenkünften der Gruppe und blickte argwöhnisch auf dessen selbstbewusste Freundin, die zwar die Pose und die theatralische Inszenierung liebte, diese jedoch im Alleingang, und die sich der passiven Musenrolle, die bei den Surrealisten den Frauen zugedacht war, nicht im Geringsten fügte. Wohl kaum hätte Nancy Cunard sich auf die von Breton ausgegebenen Spielregeln eingelassen, die – bloß unter anderem Vorzeichen – nicht minder gebieterisch ausfielen als jene gesellschaftlichen Rituale, denen sie doch eben erst den Rücken gekehrt hatte. Breton kam nie, wenn Nancy den Kreis aufstrebender Avantgardekünstler, in den sie durch Aragon Einlass gefunden hatte, in ihre Wohnung auf der Ile St-Louis einlud. War sie auch eine umsichtige und großzügige Gastgeberin, so blieb die Atmosphäre zumeist etwas steif und gezwungen, vielleicht weil die Naturen der Britin und der Pariser Bohemiens nicht recht zueinander fanden. „Sie war nicht dieses grässliche Ding, das man ‚Bohème' nennt, sie war nichts von jenen gräßlichen Dingen, genannt ‚Gesellschaft', ‚Land', Ober-, Mittel- und Unterschicht. Sie war, man sieht es, eine Art Erfindung, grässlich oder nicht, ihrer selbst. [...] Man konnte spüren, dass sie sich selbst von irgendwo ausgegrenzt hatte, doch wo lag dieses Irgendwo?"[20] Sie, die lebenslänglich im Clinch mit der Welt der High Society blieb, war auch in der Welt der Bohème eine Außenseiterin. Unterlag sie in der einen dem Zwang der gesellschaftlichen Spielregeln, die sie nicht akzeptieren wollte, so waren für sie in der anderen als schwerreiches Luxusgeschöpf die Geldnöte der Bohème dennoch nicht von Bedeutung. Auf den Bällen des Comte de Beaumont, der sich als Avantgarde-Mäzen auszeichnete, traf sich die inter-

Mit Louis Aragon, Ende der 1920er

nationale *jeunesse dorée*, zu der auch Tristan Tzara
gehörte, der aus Rumänien stammende Anstifter der
Zürcher Dada-Bewegung. Mit ihm verband Nancy
bald eine herzliche Freundschaft, und 1924 schrieb er
ein Dada-Stück für seine Freundin, es hieß *Das Wol-
kentaschentuch*. George Moore, der Nancy häufig in
ihrem Domizil besuchte, standen angesichts solcher
ästhetischer Auffassungen der jungen Leute, die so gar
nichts mit dem von ihm vertretenen Kunstideal zu tun
hatten, hin und wieder die Haare zu Berge, doch er
ließ sich letztlich immer wieder von Aragons Redegabe
und Überzeugungskunst in den Bann schlagen.

Im Beisammensein der beiden Libertins Nancy und
Louis fehlte es nicht an Turbulenzen; immer wieder
kam es zu heftigen Streitereien, und Aragon war, wie
er in seinen Erinnerungen schreibt, unablässig damit
beschäftigt, seine Koffer ein- und wieder auszupacken.
Nancy überforderte ihn nicht nur in seiner Eigenschaft
als Liebhaber, sondern auch mit ihrer Umtriebigkeit.
Sie, das „rassige Rennpferd"[21], wie Peggy Guggenheim sie bezeichnete, hielt ihn auf Trab, bis sie
ihm schließlich davongaloppierte. Es waren nicht nur
ihre Affären, die Aragon vor Eifersucht fast in den
Wahnsinn trieben. Immer heftiger litt er unter einem
Minderwertigkeitskomplex, der durch das materielle
Gefälle zwischen ihm und der Millionenerbin ent-
stand. Die Tatsache, dass sie ihn weitgehend aushielt,
nagte nicht nur an Aragons männlicher Ehre, sondern

ließ ihn auch bei seinen Surrealistenfreunden in den Verdacht geraten, bourgeoise Sitten zu pflegen und das Ansehen der revolutionären Gruppe zu ruinieren, etwa durch regelmäßige Besuche des Restaurants Le Bœuf-sur-le-Toît, in dem Bretons Erzrivale Jean Cocteau verkehrte. Aragon erklärte in einem Interview, das er in den sechziger Jahren gab: „Die Voraussetzungen des Lebens dieser Frau, die ich liebte, waren von den meinen sehr verschieden, und ich konnte unser Leben zu zweit nicht weiterführen. In materieller Hinsicht war es schwer, mich mit ihr auf gleicher Ebene zu halten, und wie hätte ich von ihr erwarten können, sich auf die meine zu begeben? Wir waren an jenem Punkt angelangt, da die Ungleichheit unserer Lebensstile, zusammen mit dem, was uns persönlich trennte, meinen ganzen Lebenswandel infrage stellte."[22] Die durch so viele Widrigkeiten torpedierte Liebe zerbrach schließlich an den Ereignissen des Sommers 1928 während eines gemeinsamen Aufenthaltes in Venedig. Nancy nahm den Freund, der mit Selbstmord drohte, nicht ernst, sie schrie ihm fahrlässig ein „Tu's doch!" entgegen; Aragon machte seine Drohung wahr und schluckte eine Überdosis Schlaftabletten, wurde aber noch rechtzeitig vom Hotelpersonal gefunden.

Während Nancy ihrem Bedürfnis nach Ungebundenheit nachging, suchte Aragon nach einer dauerhaften privaten und gesellschaftlichen Bindung, wie seine künftige Entwicklung an der Seite Elsa Triolets und im Schoße der Kommunistischen Partei bewies. Trotz dieser Unvereinbarkeiten blieben Nancy und Aragon bis zu ihrem Tod in losem aber herzlichem Kontakt. An Janet Flanner schrieb sie später: „Es hat nie einen derartigen Mann gegeben, und es wird ihn niemals geben – wäre es nicht einer, der vollkommen alleine durchs Leben geht, in jede Richtung und zu jeder Stunde, in der ich mein Leben verabscheut und auf es gespuckt habe, in der Gegenwart, für die Zukunft und die Vergangenheit. [...] ich glaube, nie hat mich jemand geliebt außer Louis – ich denke, das tat er in der ganzen Zeit, die wir zusammen waren ... Ich hingegen habe viele wirklich und vollständig geliebt. Henry und Morris und Louis ... und einige andere. Soviel über die Liebe. Wenn du dich an die Zeile von Louis erinnerst ‚Il n'y a pas d'amour sans amour malheureux [sic].'[23] Dies scheint mir unbestreitbar – und ihm vielleicht auch ...“[24]

In jenen Jahren erwarb sich Nancy den Ruf einer Nymphomanin. Die Rastlosigkeit, die sie umtrieb, betraf auch ihr Liebesleben. Nie schien sie eine Träne zu vergießen, wenn eine Liebe zum Ende kam – sie verbot sich jede Sentimentalität. Stetiger war sie da schon in ihren Freundschaften: 1923 lernte sie während einer Reise nach Florenz den Schriftsteller Norman Douglas kennen, dessen Roman *South Wind* [Südwind] sie verehrte. Die Sitwells arrangierten eine Begegnung, aus der sich eine lebenslange Freundschaft ergab.

Am 3. November 1925 starb der Vater Sir Bache Cunard. Nancy, einziger Nachkomme, wurde als Haupterbin eingesetzt. Nun verfügte sie über ein eigenes Vermögen, war niemandem mehr Rechenschaft schuldig und erfüllte sich einen Wunsch: In der Normandie, dem Dorf La Chapelle-Réanville, kaufte sie sich ein kleines, altes Bauernhaus, das nach dem quadratischen Brunnenbecken im Hof den Namen „Le Puits Carré" trug. An diesem zurückgezogenen Ort wollte sie ein ambitioniertes Projekt in Angriff nehmen, das ihr womöglich schon seit den Kindertagen vorschwebte, als sie noch Schreibtische geordnet und die Gesellschaft von Büchern der von Menschen vorgezogen hatte: die Herstellung von Büchern, die Gründung eines eigenen Verlages. Sie erwarb eine ausrangierte Handpresse mit Drucktypen aus dem 18. Jahrhundert, eine sogenannte „Mathieu", aus den Beständen eines aufgelösten Pariser Verlagshauses und engagierte den gelernten und erfahrenen Setzer gleich mit dazu, um von ihm das Druckhandwerk zu erlernen. Virginia und Leonard Woolf hatten sie gewarnt: Die Tintenfinger würde sie nie wieder los. Doch Nancy, unbeirrbar, rief die Hours Press ins Leben. Die handwerkliche Betätigung schreckte sie nicht, sie verglich die Arbeit an der Handpresse mit der Näherei, „bei der die Buchstaben sich Stich für Stich aneinanderfügen"[25], und während der sie das empfindliche Velinpapier mal vor zuviel Sonne und der

Austrocknung, mal vor der Feuchtigkeit in dem alten Gemäuer retten musste. Mit der allergrößten Experimentierfreude legte sie besonderen Wert auf die bibliophile Gestaltung der Bücher, die alle nur in geringer Auflage – 100 bis 300 Exemplare – gedruckt wurden und die als absolute Raritäten heute einen hohen Sammlerwert besitzen. „Miss Cunard war davon überzeugt, dass sich bestimmte literarische Werke der Modernisten in Büchern besser machen als in Manuskripten", schrieb dazu lakonisch die *Paris Tribune*.[26] Nancy wollte ausschließlich unveröffentlichte, zeitgenössische Poesie drucken, doch George Moore belehrte sie eines Besseren: Er überließ seiner Freundin die Geschichte *Peronnik the Fool* [Peronnik, der Dummkopf], einen unveröffentlichten Teil seiner Novelle *Héloise and Abélard*. Die kleine Auflage von zweihundert hellblauen und goldgeprägten Exemplaren war sofort vergriffen. Zusammen mit Louis Aragon, der ständig nach Réanville kam, übersetzte sie ein langes Gedicht von Lewis Carroll – einem der Vorbilder der Surrealisten – *The Hunting of the Snark* [Die Jagd nach dem Snark] ins Französische. Oft verdankten die Bücher ihre künstlerisch gestalteten Einbände jenen, damals noch unbekannten Künstlern, mit denen Nancy befreundet war. Yves Tanguy entwarf den Buchumschlag von Walter Lowenfels' langem Gedicht „Apollinaire", und Man Ray collagierte Fotografien für *Henry-Music*. Weil Geld für die Erbin keine

Rolle spielte und das Unternehmen nicht aus kommerziellem, sondern rein idealistischem Interesse ins Leben gerufen worden war, konnte Nancy Cunard sich schließlich alle verlegerischen Kapriolen leisten und auf eine unmittelbare Art und Weise zum Ruhm von Künstlern beitragen, die in jenen Zwanziger Jahren groß wurden – auch wenn der gewissenhafte George Moore angesichts unprofessioneller Druckqualität zuweilen die Nase rümpfte.[27]

Anfang 1930, als es Nancy Cunard in dem spartanischen Landhäuschen zu kalt und ungemütlich wurde, verlegte sie ihre Verlagsgeschäfte und ging wieder zurück in die Hauptstadt. „Wenn sie nach Paris kommt, kehrt Miss Cunard eigentlich zurück. Die Rive Gauche war zehn Jahre lang ihre Heimat, bevor sie aufs Drucken verfiel und beschloss, dies in ihrem Landhaus zu tun. Dabei ist sie nie fremd oder heimatlos gewesen, denn sie stattete dem Zentrum der Literatur häufige Besuche ab."[28] Georges Sadoul, ein Surrealist und ein Freund aus den Tagen mit Aragon, half ihr bei der Suche nach einem Ladenlokal, das schließlich in der Rue Guénégaud 15 gefunden wurde, ein überaus günstiger Standort am linken Seineufer, nur wenige Schritte entfernt von der Galérie Surréaliste und in nächster Nähe der prominenten Buchhandlungen La Maison des Amis des Livres und Shakespeare and Company, die den Freundinnen Adrienne Monnier und Sylvia Beach gehörten. Der Erste Weltkrieg hatte in Europa ganz neue Voraussetzungen für Frauen geschaffen, die aus dem privaten in den öffentlichen Bereich traten: Adrienne Monnier hatte ihren Laden 1916 eröffnen können, weil die Mieten gesunken und die männliche Konkurrenz zu den Waffen gerufen worden war. Die beiden Buchhandlungen waren innerhalb kürzester Zeit zu gut besuchten Kulturforen geworden; bei Sylvia Beach gingen Honoratioren des Pariser Literaturbetriebs ein und aus. Ihre besondere Entdeckung war James Joyce gewesen, der mit dem von ihr verlegten Ulysses 1922 seinen Durchbruch als Schriftsteller erlebte. Auch Nancys Verlagslokal avancierte rasch zu einer öffentlichen Anlaufstelle für Franzosen wie auch für die vielen Amerikaner, die sich in Paris aufhielten; manchmal sah sie sich sogar dazu gezwungen, die Tür abzuschließen, um ihrer Arbeit in Ruhe nachgehen zu können. Sie hatte bereits ein eminentes Werk der Moderne entdeckt: 1925 erschien in der Hours Press *A Draft of XXX Cantos* [Ein Entwurf für XXX Cantos] von Ezra Pound, den sie noch aus dem Salon ihrer Mutter kannte.

Im Sommer 1930 schrieb die Freundin der Modernisten einen Preis in Höhe von 10 Pfund für das beste Gedicht – auf Englisch oder Amerikanisch – aus. Der Stichtag nahte, und Nancy fragte sich, welches der eingesandten mittelmäßigen Elaborate, die sie in den letzten Tagen hatte lesen müssen, mit Fug und Recht einen Preis verdient hätte. Dann, am Morgen des

The Hours Press, 15 Rue Guénégaud, Paris, 1930

Tages, an dem eine Entscheidung fallen sollte, und eigentlich schon nach Einsendeschluss, fand Nancy ein Manuskript auf dem Fußboden, das von der Hand eines unbekannten Poeten offensichtlich noch in allerletzter Minute unter der Tür in der Rue Guénégaud durchgeschoben worden war. Es trug den Titel *Whoroscope* [Huroskop]. Nancy Cunard las die rund hundert Zeilen des unbekannten Poeten in einem Atemzug durch und zerknüllte unverzüglich alle anderen Manuskripte. Der Preisträger stand fest. Es war Samuel Beckett. Als sie sich trafen, erzählte ihr Beckett, dass er erst am Vorabend von dem Wettbewerb erfahren hatte und sich gleich an den Schreibtisch gesetzt hatte. In der Nacht war er dann mit den beschriebenen Seiten von seinem Domizil aus quer durch Paris zum Verlagslokal in der Rue Guénégaud gelaufen. *Whoroscope* war die erste selbständige Veröffentlichung Samuel Becketts, der damals noch die rechte Hand von James Joyce war. Nancy Cunard und Samuel Beckett wurden enge Freunde.

Die Hours Press bekam immer mehr zu tun. Einige der Bücher wurden ein ansehnlicher Erfolg. Inzwischen hatte die junge Verlegerin auch einen Agenten unter Vertrag genommen, der die Bücher, die außerhalb von Paris nur in der Londoner Dorothy Warren's Gallery vertrieben wurden, jetzt einem erweiterten Leserkreis zuführte. Nach gut zwei Jahren Verlagstätigkeit in Paris hatte die Hours Press einen bekannten Namen an der Rive Gauche. Heute mehr oder weniger bekannte Schriftsteller und Poeten haben sich in der *Hours Press* verewigt: Neben so großen wie Beckett und Pound waren es u. a. Harold Acton, Havelock Ellis oder Nancy Cunards Freund Norman Douglas. Insgesamt vierundzwanzig Titel umfasst das Verlagsverzeichnis der Hours Press.

Zu dem Zeitpunkt, als der Betrieb richtig aufblühte, schienen eine weitere Expansion und Kommerzialisierung ins Verlagshaus zu stehen. Doch der Name des Verlags, Hours Press, war offensichtlich Programm: Nicht von Jahren, Monaten oder wenigstens Wochen war hier die Rede – nur von Stunden, und diese hatten für die Hours Press geschlagen. Nancy Cunards Interesse an den Verlagsgeschäften schwand in dem Maße, in dem die Professionalität ihres Geschäfts anwuchs und sie zur respektierten Leiterin einer etablierten Einrichtung zu werden drohte. Sie erklärte später: „Alles, was mich wirklich interessierte, war das Setzen von Hand, die Auswahl des Papiers und der Bindung."[29] So zog sie sich wieder in die Normandie zurück und übertrug das Management zunächst auf eine Bekannte, Wyn Henderson, doch schon bald kam es zu Zwistigkeiten in der Rue Guenégaud, die den Anstoß für den Verkauf des Ladenlokals samt Einrichtung gaben. Nancy gab den Verlag genau in dem Moment auf, da er sich zu einer Institution der Rive Gauche gemausert hatte. Sein abruptes Ende nach vier Jahren recht erfolgreicher Verlagsarbeit entsprach indessen ganz Nancy Cunards nomadenhaftem Charakter. Hals über Kopf hatte sie sich in ausufernde Recherchen für das nächste Projekt gestürzt, welches eine neuartige Herausforderung versprach und sie mehr lockte als die Fortführung der *Hours Press*: Henry Crowder, ihre neue Liebe, und ihr Engagement als Geschichtsschreiberin.

Venedig, wo sich das letzte Drama zwischen Nancy Cunard und Louis Aragon abgespielt hatte, sollte für die junge Frau nicht lange der Ort einer melodramatischen Trennung bleiben, sondern Schauplatz ihrer nächsten weichenstellenden Begegnung werden. „[...] am stärksten bewegte sie der Negerjazz [...], und oft konnte man sie in einer erstaunlich tiefen Altstimme singen hören *Oh, you great big beautiful doll* – einer der Ohrwürmer jener Jahre."[30] In den avancierten Piano-Bars und Music Halls Europas erklangen Jazzrhythmen, Paris feierte Josephine Baker als Exotin, in allen Städten gastierten Bands, die sich aus schwarzen Musikern zusammensetzten. Henry Crowder war Pianist der *Eddie South's Alabamians*, einer schwarzen Combo, die in einer Hotelbar in Venedig auftrat, wo Nancy Cunard kurze Zeit nach dem Abschied von Aragon einen Abend in Begleitung ihres Cousins Edward verbrachte. Begeistert von Crowders fingerfertigen Improvisationen, bat sie ihn spontan an ihren Tisch – der Beginn einer Freundschaft, die Nancy auf eine neue

Henry Crowder in den späten 1920ern

Fährte locken sollte. Henry Crowder, im gleichen Alter wie sie, entstammte einer Arbeiterfamilie in Georgia und hatte sich mit allen möglichen Jobs durchgeschlagen, bevor er als musikalisches Talent auf der Welle des Jazz-Booms zu schwimmen begann, die ihn fort von Heimat und Ehefrau nach Europa trug. Die Vorgeschichten der weißen Millionärin und des schwarzen Klavierspielers konnten ungleicher nicht sein, aber Nancy verliebte sich zielsicher in Männer, die am Rande der Gesellschaft standen: Aragon war als Surrealist ein Bürgerschreck, Crowder wegen seiner Hautfarbe ein Außenseiter. Sie, die jede Menge Verehrer hatte und keinen Versorger brauchte, suchte sich Partner aus, die ihre Freiheiten nicht beschnitten, sondern dazu beitrugen, sie in einer gemeinsamen Tätigkeit zu erweitern.

Als Crowder mit seiner Band in Paris gastierte, in einem Nachtclub am Montmartre, fiel es Nancy nicht schwer, ihn dazu zu überreden, aus der Band auszusteigen und in Paris zu bleiben, um an seinen eigenen Kompositionen zu arbeiten – sein eigentlicher Traum, wie er ihr schon in Venedig gestanden hatte. Crowder wurde nun zu Nancys Geliebtem wie einst der Dirigent Thomas Beecham für Lady Cunard ... Zuallererst kaufte Nancy Crowder ein Klavier.

Hatte Nancy schon für reichlich Aufsehen gesorgt, als sie mit ihrem Geliebten Louis in Doppelzimmern abstieg, ohne mit ihm verheiratet zu sein, so führte ihre enge Verbindung mit Henry Crowder endgültig zum gesellschaftlichen Eklat. Bei einem Empfang in Lady Cunards Londoner Salon hatte sich ein Gast bei der Gastgeberin scheinheilig nach Nancy erkundigt: „Na Maud, was ist es denn diesmal? – Alkohol, Drogen oder Nigger?"[31] Dürfen englische Exzentriker sich auch manche Freiheiten herausnehmen und hatte Lady Cunard selbst kaum eine Extravaganz ausgelassen – ein „Neger" in der Familie, das war dann doch zuviel. Mit einem Schwarzen liiert zu sein, das war das Schlimmste, was Nancy ihrer Mutter antun konnte. In London musste mittlerweile ein Kriegsrat stattgefunden haben; Ende Dezember 1930 telegrafierte Thomas Beecham nach Paris und riet Nancy dringend, von einer geplanten Reise nach London Abstand zu nehmen. In einen Brief warnte er Nancy davor, dass sie in London ins offene Messer laufen würde; Lady Cunard drohe damit, die Tochter und den unerwünschten schwarzen Freund per Gesetz verfolgen zu lassen und dafür zu sorgen, dass Crowder des Landes verwiesen werde. Nancy aber ließ sich nicht zurückhalten. Sie wollte in der Heimat eine Aufführung von Buñuels Film *L'Age d'Or* [Das goldene Zeitalter] organisieren – ein weiterer Skandal, denn die Premiere des Films, dem weder Staat noch Kirche ein Tabu sind, hatte zuvor schon in Paris zu gewalttätigen Ausschreitungen französischer Patrioten geführt. Und tatsächlich erschien die Polizei in jenem Hotel, in dem Nancy und Henry in London zu übernachten pflegten.

Die Spannungen zwischen Mutter und Tochter waren längst in blanken Hass umgeschlagen. Zunächst veröffentlichte Nancy einen Artikel in der Zeitschrift *Crisis*, der einen einstigen Ausspruch ihrer Mutter zum Titel hatte: *Does anyone know any negroes?* [Kennt denn jemand Neger?][32]. Später brachte Nancy ein Pamphlet mit dem Titel *Black Man and White Ladyship. An Anniversary* [Schwarzer Mann und weiße Ladyschaft. Ein Geburtstag] in Umlauf, in dem sie noch direkter mit der Mutter auf persönlicher und öffentlicher Ebene abrechnete. „Ich habe einen schwarzen Freund, einen sehr engen Freund (und viele andere schwarze Freunde in Frankreich, England und Amerika). Das ist nichts Besonderes. Ich habe auch eine Mutter – Ihre Ladyschaft, so wollen wir sie ab jetzt nennen. Wir sind extrem verschieden, aber ich hatte jahrelang ein ziemlich gutes (ziemlich distanziertes) Verhältnis zu ihr. Der Ärmelkanal und eine ganze Portion Entschlossenheit meinerseits haben das ermöglicht. Ich vermeide tunlichst ihre Kreise sowohl in Frankreich als auch in England ...“[33]

Als hätte Nancy Cunard gewusst, dass ein gewisser Franz Kafka aus Prag 1919 seinen Brief an den Vater zu Papier gebracht hatte, schrieb sie nun das weibliche Gegenstück dazu. Klagte Kafka in Gestalt seines Vaters u. a. die ganze patriarchalische Gesellschaft an, so erreichte Nancy Cunards familiäres Unbehagen eine politische Dimension: In der Ausgrenzung der Schwarzen erkannte sie ihre eigene Außenseiterrolle wieder, die Freiheitsbeschränkung, die die restriktiven Regeln der feinen Gesellschaft ihr so lange auferlegt hatten und die sie für den Rassismus verantwortlich machte. „Aber, Ihre Ladyschaft, Sie können keinen Menschen töten oder aus England ausweisen, bloß weil er schwarz ist und sich unter die Weißen mischt. Sie können sich eine Fahrkarte in die Südstaaten der USA kaufen und einigen der beliebten Lynchgerichte beiwohnen, die oft schon im Voraus angekündigt werden. Sie können mit Ihrer Stimme, aus der Sie das fürchterliche amerikanische Näseln getilgt haben, in den Aufschrei der Yankees einstimmen ... Nein, mit Ihnen ist es das gleiche alte Leid, die gesellschaftliche Klasse."[34] Nancy ging noch weiter, und wurde unsachlich: Angeblich seien die Gemälde von Marie Laurencin im Salon ihrer Mutter Fälschungen. In ihrem Hass schlug Nancy Cunards Engagement in die falsche Richtung aus. Die Zeilen waren zwar mit Herzblut geschrieben, die Kehrseite der Medaille aber war, dass jeder in London Bescheid wusste, worum es eigentlich ging, und Mutter und Tochter nun zum dankbarsten Tagesthema in den Salons der Stadt und den Klatschkolumnen der einschlägigen Blätter wurden. „In London, in jenen Tagen, als die Leute Gesellschaftsspiele zu spielen pflegten, spielten wir ein Spiel, in dem jeder seine Eltern aussuchte. Ich erinnere mich, dass einmal jemand sehr schlau sein wollte und Mussolini und Emerald Cunard wählte. Nun, es gab ein großes Spektakel … Ich kam nicht einmal mehr an die Reihe. Doch ich erinnere mich, dass jemand sagte, ‚Weißt du, was du mit solchen Eltern wärst? Du wärst die kleinste Münze auf dem Grund des Beckens!‘"[35], schreibt die Chefin der Modezeitschrift *Vogue*, Diana Vreeland. Nancy hatte dankbaren Stoff für das Londoner Stadtgespräch geliefert. Ein jeder, der die beiden unversöhnlichen Frauen kannte, machte sich seinen Reim auf das Pamphlet. Aber gerade diese Leute lasen es ausschließlich als persönliche Abrechnung mit der Rabenmutter; eine politische Botschaft erreichte gerade jene nicht, die diese vernehmen sollten. Und: Konnte ein Pamphlet aus Liebe zu den Minderheiten, das mit solchem Hass geschrieben worden war, überhaupt einen langen Atem haben?

Nun war Lady Cunard aber durchaus eine beliebte und umworbene Person in den Londoner Kreisen; sie besaß Einfluss, den sich niemand durch Parteinahme gegen diese Frau verspielen wollte. Selbst Nancys Freundinnen waren der Auffassung, dass sie mit ihren Boshaftigkeiten zu weit gegangen sei. Und Crowder, der sich mit diesem Pamphlet ganz persönlich als der schwarze Mann angesprochen fühlen konnte, zu dessen Fürsprecherin sie sich machte, war auf diesem Wege zu zweifelhaften Ehren gelangt. „Ich bin mit Nancys Haltung ihrer Mutter gegenüber nicht einverstanden gewesen", schrieb er rückblickend.[36]

Hatte einst Lady Cunard mit ihrem Aufstieg in die britische Gesellschaft jegliche Verbindung zu ihrer unstandesgemäßen amerikanischen Herkunft bewusst abgeschnitten, mit *Black Man and White Ladyship* erteilte nun ihre Tochter dem Milieu, aus dem sie stammte, eine endgültige Absage. In einem Brief vom 24. Januar 1931 schrieb Nancy an George Moore: „Ich habe mich in London nicht mit dir getroffen, obwohl ich mir das fest vorgenommen hatte. Kannst du dir denken, aus welchem Grund? Es ist höchste Zeit, dass gewisse Tatsachen akzeptiert und verstanden werden sollten, gewisse allgemeine Tatsachen, die meine tiefsten Überzeugungen ausdrücken. Ich spreche von der Angelegenheit, die als Rassenfrage bezeichnet wird, insbesondere die Unterlegenheit der afrikanischen Rasse gegenüber den Weißen. Die Ansichten darüber konnte ich bis jetzt nicht in Frage stellen; so liegen die Dinge."[37]

Monatelang wurden Gerüchte verbreitet; die beiden verfeindeten Frauen erfuhren nur durch ihre sich überschneidenden Freundeskreise voneinander; keine der beiden fasste sich ein Herz, auf die andere zuzugehen. Wieder spielte Beecham den Vermittler, als er Nancy im Juni 1931 wissen ließ, dass ihre Mutter die monatlichen Zahlungen um ein Viertel reduzieren wolle; Nancy zeigte sich empört und sprach von erpresserischen Methoden, doch in echte Finanznöte geriet sie dadurch nicht: Trotz der Kürzungen brauchte sie ihren großzügigen Lebensstil nicht einzuschränken; sie zehrte noch von der Erbschaft ihres Vaters.

Jetzt lohnte sich das Projekt mit dem Titel *Negro* für Nancy Cunard erst recht. Sie wollte ihrer neuen Leidenschaft ein Denkmal setzen: Nach dem Verkauf der Hours Press plante sie, eine umfassende Anthologie mit Texten von Schwarzen sowie über alle schwarzen Kulturen auf der Erde herauszugeben. Schon bei ersten Recherchen im British Museum fiel das ungewöhnliche Besucherpaar auf, die Weiße mit einem Turban auf dem Kopf und klirrend und klappernd aneinander schlagenden Armreifen, die bis zu den Ellenbogen reichten, und der Schwarze mit Bowler-Hut und Gehrock von Nancys Vater. 1931 trat das Paar eine Erkundungsreise nach New York an. Dabei schien Nancy die Gefahr zu verharmlosen, die darin bestand, als gemischtes Paar durch eine Stadt zu wandern, in der eine militante Grenze zwischen Schwarz und Weiß gezogen wurde. Crowder, der aus Erfahrung realistischer war, sah, dass er mit seinen Befürchtungen nicht übertrieben hatte: Brutale Drohungen des Ku Klux Klan blieben nicht aus, und der nervös gewordene Hotelbesitzer wies dem Paar die Tür. „Nancy Cunard hat moralische und intellektuelle Courage", schrieb der schwarze Novellist Eric Walrond in der *Paris Tribune*. „Sie besitzt ein Verständnis für die Psychologie der Neger, das seinesgleichen sucht. Es ist eine unwürdige Tatsache, dass ihr einer solche Behandlung widerfahren musste."[38] Vielleicht waren es gerade diese schmerzhaften, persönlichen Erfahrungen im Laufe der Reise, die den Ausschlag für das neue Projekt gaben: Nancy Cunard plante, eine Kulturgeschichte der Schwarzen zusammenzustellen. Sie wollte Zeugnisse sammeln, Bilder und Texte schwarzer Maler und Autoren, und damit gleichzeitig deren ideologisch verankerte, vorgebliche Unterlegenheit Lügen strafen. Dieses Unternehmen sollte rund drei Jahre in Anspruch nehmen. Nancy Cunard begann damit, unter verschiedenen, nach Kontinenten und Kunstbereichen unterteilten Rubriken, Beiträge zeitgenössischer Autoren sowie historische Texte von etwa hundertfünfzig Mitwirkenden zu sammeln. 1934, nach drei Jahren Recherchearbeit, konnte die *Negro Anthology* erscheinen, in eindrucksvollem Quartformat und an die tausend Seiten stark. Nicht minder beeindruckend präsentiert sich der Inhalt des Kompendiums. Das Spektrum der Artikel reicht von Abraham Lincolns „Proclamation of Emancipation" [Unabhängigkeitserklärung] bis hin zur detaillierten Schilderung einer Zulu-Hochzeit und berücksichtigt nicht allein Nord- und Südamerika, sondern alle Kontinente, in denen Schwarze beheimatet sind. Fotografien zeigen nicht nur Stars wie Louis Armstrong und Duke Ellington, sondern die Gesichter von Schwarzen verschiedener geographischer Herkunft, so dass sich Seite für Seite aus dem unwürdigen Sammelbegriff einer Rasse die Individualität ihrer einzelnen Vertreter entwickelt. Crowder verfasste einen ausführlichen Beitrag über seine Eindrücke in verschiedenen Ländern. Er beschrieb die Wohnungsnot in den schwarzen Ghettos von New York und die Situation in verschiedenen europäischen Ländern: „In London gibt es Hotels, die auch Neger aufnehmen, aber die muss man erst einmal finden. Aber es gibt auch Restaurants, in denen keine Neger bedient werden."[39]

Doch der Zeitpunkt für einen derart mutigen Vorstoß schien noch nicht reif gewesen zu sein: Der Erfolg des in einem Londoner Verlag erschienenen, beeindruckenden Buches war nur mäßig. Der Dichter Walter Lowenfels schreibt im Nachhinein: „Mir ist erst in den letzten Jahren klar geworden, dass Nancy von allen Avantgarde-Leuten in Paris die Fortschrittlichste war. Sie kümmerte sich um das zentrale Problem unserer Zeit, die Neger. Dennoch kann ich mich an keine einzige Diskussion mit Nancy über dieses 'Problem' erinnern. Sie war der am meisten auf seinen persönlichen Bereich bedachte Mensch, den ich kannte. Sie redete nicht über Probleme, sondern tat etwas. Sie besaß enge Freunde unter den Negern und trug afrikanischen Schmuck; außerdem sammelte sie afrikanische

Kunst."[40] Während Negermasken, Schmuck, Figurinen und Trophäen fremder Kulturen vornehmlich das ästhetische Interesse von Kubisten und Surrealisten entzündet hatten, weil sie in der archaischen Kunst einen Anstoß zur Belebung der Kreativität in den eigenen Reihen sehen mochten – Breton ließ sich gern vor seiner Sammlung afrikanischer Masken ablichten –, versuchte Nancy Cunard mit diesen Objekten vielmehr Zeichen weit reichender Solidarität zu setzen. Zwar hatte auch der Globetrotter Blaise Cendrars bereits in den zwanziger Jahren eine Anthologie nègre zusammengestellt, doch auch er hatte sich dabei weitgehend auf den künstlerischen Aspekt beschränkt.[41] Während er sich an der Exotik von Kunsthandwerk berauschen konnte, veröffentlichte Nancy Cunard in ihrer Anthologie Statistiken über Fälle von Lynchjustiz in den Südstaaten, schilderte den Sklavenhandel in all seinen drastischen Ausmaßen und rollte anhand der Gerichtsakten den 'Scottsboro Fall' auf, bei dem sieben farbige Jungen zum Tode verurteilt worden waren, weil man sie beschuldigte, gemeinsam eine Frau vergewaltigt zu haben – und plädierte für ihre Unschuld. Hetzbriefe mit Morddrohungen, die daraufhin bei Nancy eingingen, druckte die engagierte Herausgeberin auch noch ab, um die Niedertracht solcher Fanatiker einmal mehr zu dokumentieren: „Geh dahin zurück, wo du hingehörst, du Bastard. Der Preis für dein Neger-Hotelzimmer ist dein Leben nicht wert."[42] Dass Crowder erst recht unter solchen Angriffen litt, führte zu ersten Spannungen in der Freundschaft zwischen ihm und seiner unerschrockenen Freundin. „Im Laufe des Sommers wurde mir klar, dass Nancy und ich nicht mehr miteinander auskamen. Aufgrund des Temperamentunterschiedes, der harten Worte, die oft und meistens wegen Nebensächlichkeiten zwischen uns fielen, waren weitere Streitigkeiten in der Zukunft vorprogrammiert."[43]

Nancy Cunards Anprangerung sozialer Missverhältnisse und das Engagement für die Aufhebung von Rassenunterschieden kam einem Plädoyer für die Aufhebung von Klassenschranken gleich. „Was brachte dich bloß dazu, dich mit Leib und Seele für unsere traurige Sache einzusetzen?", fragt der an der Negro-Anthologie beteiligte, westindische Dichter Alfred Cruikshank in einem Gedicht.[44] Nun, Nancy, die sich in ihren eigenen Keisen als Outlaw wahrnahm, identifizierte sich höchstpersönlich mit den Opfern. Diese persönliche Gleichsetzung beseelte ihr Engagement, ließ es authentischer sein als es die milden Gaben einer karitativ tätigen Millionenerbin hätten sein können; gleichzeitig führte Nancys undifferenzierte Haltung hin und wieder zu Missverständnissen. Wenn sie in Ablehnung ihrer eigenen Herkunft in heftige Schwärmerei für die negroes verfiel – bei aller Aufklärungsarbeit, die sie leistete – und Crowder in ihrer grenzenlosen

Begeisterung als einen Afrikaner titulierte, fuhr dieser berichtigend dazwischen, dass er doch Amerikaner sei.

Gerade als Nancys Einsatz für die Schwarzen seinen Höhepunkt erreicht hatte, kam es in der Beziehung zu ihrem schwarzen Freund zu dem Bruch, der sich schon seit längerem abzeichnete. Nancy duldete keine Kompromisse; zuerst kam das engagierte Projekt, dann erst der Freund. Zum einen war er die Erniedrigungen leid, die er als Nancys Geliebter und Gefährte mit ertragen musste, zum anderen litt er unter Nancys Unbeherrschtheit und ihren ständig wechselnden Launen, die manchmal sogar in Handgreiflichkeiten endeten. Als er Janet Flanner einmal in den Straßen von Paris begegnete, fragte sie ihn, ob sein blaues Auge durch einen Verkehrsunfall verursacht worden sei. „Nein, Miss Janet", gab der zur Antwort, „ es ist das Werk von Armreifen."[45] Crowder war es Leid, sich von einer Frau erniedrigen lassen. Er wollte zurück nach Amerika und seine Frau wiedersehen. Nancy gab schließlich nach. Sie selbst kaufte ihm die Rückfahrkarte, nahm ihm aber bei der Abreise das Versprechen ab, wieder zurückzukommen. Crowder blieb lange fort – er versöhnte sich mit seiner Frau, und nach der zwar anregenden, aber nicht weniger aufreibenden Zeit mit Nancy mag er seinen Aufenthalt in den USA als einen Erholungsurlaub empfunden haben. Tatsächlich kam Crowder noch einmal nach Frankreich zurück, doch

nicht für lange. Seine nächste Abreise war eine Trennung für immer. „Ich hatte genug, und für mein wei-
teres Vorgehen beschloss ich, dass dieser Abschied der
letzte sein sollte."[46]

Bequem machte die Millionenerbin es sich nie: Immer
will es scheinen, als sei das Leben für Nancy Cunard
gleichbedeutend mit einem Überlebenskampf. Der
Freiheitskampf des spanischen Volkes war für etliche
engagierte Intellektuelle ein Magnet; fast gehörte es
nun zum guten Ton, wie Ernest Hemingway oder
George Orwell an den Kriegsschauplatz zu reisen und
die Stimme im Namen der Republikaner zu erheben.
Als der Spanische Bürgerkrieg 1936 ausbrach, stürzte
sich auch Nancy ohne Angst ins Geschehen. Unter
den abenteuerlichsten Umständen, ohne als Journa-
listin akkreditiert zu sein, reiste sie illegal nach Spanien ein, ließ sich auf einem Lastwagen mitnehmen,
zum Preis von Lebensmittelkonserven, die ihr von
den hungrigen Menschen aus den Händen gerissen
wurden. Aus Barcelona schrieb sie Reportagen, zuerst
nur für die *Associated Negro Press*, später auch für die
New Times und den *Manchester Guardian*. Dann reiste
sie weiter nach Madrid und schloss Bekanntschaft mit
Pablo Neruda, der dort chilenischer Konsul war und
der zuvor bereits durch *Black Man and White Ladyship*
auf sie aufmerksam geworden war. Neruda schüttelte
nur den Kopf über Nancy Cunards Verwegenheit –

er fragte sich, was diese zerbrechliche und extravagante Person, die gekleidet war, als wolle sie auf einen Faschingsball, mitten im Kriegsgeschehen wohl ausrichten könne, und riet ihr, wieder nach Paris zurückzufahren. Er meinte, sie solle lieber bei dem bleiben, was sie gut könne und schon einmal unter Beweis gestellt habe: die Produktion von Büchern. Neruda brachte sie auf die Idee, ähnlich wie für Negro Zeitzeugen und Künstler zusammenzutrommeln und diese aufzufordern, sich im Namen der Freiheit zu äußern. Sie hörte auf den Dichter und fuhr zurück nach Frankreich, nach Réanville, wo die seit langer Zeit nicht mehr benutzte Handpresse der Hours Press von Staubschichten und Spinnweben befreit wurde. Dank ihrer guten Verbindungen zu verschiedenen Künstlern, den Freundschaften aus den ersten Jahren in Paris, gewann Nancy tatsächlich eine Menge Stimmen, die bedeutendsten unter ihnen waren die von Louis Aragon, Tristan Tzara, Pablo Neruda, Rafael Alberti, Vicente Aleixandre, Whystan Hugh Auden (auch wenn der sich später wieder von dieser Art Gelegenheitsdichtung distanzierte), Stephen Spender, Heinrich Mann und Federico Garcia Lorca. Sie alle stifteten eigens verfasste Gedichte, die in mehreren Sprachen und in Form zusammengebundener Flugblätter schnell unter die Leute gebracht wurden. Die ganz unmittelbar, wie eine Waffe eingesetzte Poesie vertrat ein politisches Anliegen, hinter dem die künstlerische

*Pablo Neruda, Nancy Cunard, Delia del Carril und
Luis Enrique Délano in Madrid, 1936*

Nancy in Barcelona,
Herbst 1937

Form zurückzutreten hatte, was für einen Sprach
künstler wie Beckett vermutlich der Grund war,
trotz Nancys wiederholter Nachfrage keinen eigenen
Vers beizusteuern. Auch als Nancy für die Fortsetzung ihres Feldzuges Stellungnahmen zum Spanischen Bürgerkrieg sammelte, die 1937 unter dem
Titel *Authors take sides* [Schriftsteller ergreifen Partei]
erschienen, setzte er der Anfrage seiner unermüdlichen
Freundin bloß ein kurz angebundenes „Up the Repu-
blic!" [Es lebe die Republik!] entgegen – ein launiger
Einzeiler! Der Erlös aus dem Verkauf des Gedichtban-
des und der Anthologie von Statements öffentlicher
Persönlichkeiten kam den Not leidenden Menschen
in Spanien zugute; wieder hatte Nancy weder Kosten
noch Mühen gescheut, sie investierte ihr Vermögen
auf eine Weise, die ihr vielleicht als die einzig sinn-
volle erschien. Im gleichen Jahr nahm sie auch an einer
in Madrid abgehaltenen, internationalen Schriftstel-
lerkonferenz teil, rief zu Spenden für die Not leidende
Bevölkerung auf, und in ihren Reportagen aus dem
bürgerkriegsgebeutelten Spanien trifft sie – in plasti-
schen Schilderungen – einen äußerst persönlichen Ton.
Sahen die internationalen Intellektuellen im Befrei-
ungskampf des spanischen Volkes gegen die Truppen
Francos den Ausdruck einer Befreiung der Menschheit
schlechthin und stilisierten sie den Kampf auch als solchen, so setzt sich in Nancy Cunards Artikeln über
das Elend der Flüchtlinge einmal mehr die Liebe zum

Konkreten und somit ihre Solidarität mit den einzelnen Opfern durch. Ihre emphatische Auffassung von Engagement entsprach einer moralischen Verpflichtung jenseits ideologischer Verbindlichkeiten. Um so größer war der Schock, als sich mit dem Fortschreiten des Bürgerkriegs und der Kapitulation des bis zuletzt Widerstand leistenden, katalanischen Barcelonas im Januar 1939 ein endgültiger Sieg Francos abzeichnete, woraufhin die Flüchtlingsströme in Richtung der französischen Grenze gar nicht mehr abrissen. Ohne lange zu überlegen, überließ Nancy ihr Haus in Frankreich einigen obdachlos gewordenen Spaniern. Sie empfand direkte Verantwortung und die Verpflichtung, etwas zu tun, ihre selbstlosen Gaben gerieten immer großzügiger, doch letztlich erschienen sie ihr angesichts des Elends wie ein Tropfen auf dem heißen Stein.

Die Niederlage der spanischen Republikaner war aber nur die Spitze des Eisbergs: Das Jahr 1939 war für all jene ein Schock, die an den Kommunismus als antifaschistisches Bollwerk geglaubt hatten. Hitlers Pakt mit Stalin veränderte die Welt – auch die in den Köpfen der Intellektuellen. Nancy, der damit der Wind aus den Segeln genommen war, kehrte Europa ernüchtert den Rücken: Sie schiffte sich ein, zunächst nach Santiago de Chile, wo nach dem Scheitern der antifaschistischen Liga ihr aus Spanien nach Südamerika zurückgekehrter Freund Pablo Neruda sie in seinem

Haus erwartete. Wo immer sie sich in den folgenden Monaten aufhielt, die Feder legte sie nie aus der Hand. Nancy schrieb Beiträge für die *ANP* und fertigte Übersetzungen an. In Trinidad wurde ihr ein warmer Empfang bereitet: Es hatte sich herumgesprochen, wer die Herausgeberin von *Negro* war. Nancy zu Ehren wurden eigens komponierte Calypsos angestimmt, wenn sie während ihres Aufenthaltes die Bars von Tobago betrat. Doch trotz dieser Ehrenbezeugungen und der Zuneigung, die ihr von allen Seiten bekundet wurde – auch eine kurze Liebesgeschichte fehlte nicht in der Karibik –, Nancy Cunard dachte an Europa, an die Freunde, die sie dort hatte und über deren Schicksal sie im Ungewissen war. Das Heimweh war stärker als die Angst, in ein inzwischen vom Krieg beherrschtes Europa zurückzukehren. Auf die Frage ihres Freundes Norman Douglas, warum sie den unbequemen, gefährlicheren Weg vorziehe, antwortete sie: „Dieser Krieg ist auch ‚mein‘ Krieg – weil er gegen den Faschismus geführt wird. Außerdem werde ich dort drüben vielleicht gebraucht."[47]

Doch in jenen Zeiten war es zunächst kein Leichtes, ein Schiff nach Europa zu bekommen. Im Hafen von New York angelangt, musste Nancy mehrere Tage auf einem Schiff verbringen und kam schließlich nach Ellis Island, die Einwanderungsinsel, da sie den Boden der USA ohne Visum nicht betreten durfte. Nach zwei Wochen inmitten von Menschen, Flüchtlingen aus europäischen Ländern, die auf engstem Raum zusammengepfercht auf ihre Einwanderung warteten, war es endlich soweit. Nancy konnte an Bord gehen und war drei Wochen später, im August 1941, wieder in Europa.

London, wo Charles de Gaulle das freie Frankreich ausgerufen hatte, wurde in den Jahren des Krieges zu Nancys Exil – denn wenn auch Frankreich zu ihrer zweiten Heimat geworden war, jetzt galt allein der Pass, und Nancy war nach wie vor eine britische Untertanin. In jenen Londoner Jahren, die bis zum Ende des Zweiten Weltkrieges andauerten, setzte Nancy fort, was sie im Spanischen Bürgerkrieg begonnen hatte: Von London aus organisierte sie ihre eigene, geistige Résistance, sammelte abermals Gedichte gegen den Krieg, und ein von ihr selbst verfasstes, „Wer Hass sagt, sagt auch Résistance", widmete sie Louis Aragon. Der einstige Geliebte war gemeinsam mit seiner Lebensgefährtin Elsa Triolet in die Südzone Frankreichs gegangen; dort war das Paar untergetaucht und verbreitete Pamphlete und Prosatexte, die sich gegen die Nazis richteten. Während Elsa Triolet und Louis Aragon ihr Leben durch die Arbeit im Untergrund aufs Spiel setzten, arbeitete Nancy fieberhaft an der Anthologie, und immer öfter heulten die Sirenen. Die Angst vor den häufiger werdenden Bombenangriffen ertränkte Nancy gemeinsam mit ihrem Freund Norman Douglas im Whisky und im Wein, in ihrem

Stamm-Pub an der Battersea Bridge. „Ich frage mich", soll Nancy zu ihm gesagt haben, „warum niemals ein großes Gedicht über den Segen des Weins in Kriegszeiten geschrieben wurde."[48] Nancy verfasste weiterhin Artikel für verschiedene liberale und linke Zeitungen, doch die durch den Krieg stark eingeschränkte Bewegungsfreiheit setzte Weltbürgertum und freiheitliche Ideale kurzerhand außer Kraft; mit jedem Tag des Krieges wurde deutlicher spürbar, wie wenig die Intellektuellen auszurichten vermochten, während die herrschenden Mächte sich weiter durchsetzen konnten. Als die *Poems for France* [Verse für Frankreich] 1944 herausgebracht wurden, zählten sie bereits zu historischen Zeugnissen – die Ereignisse hatten die brisanten Texte überholt.

Auch ein anderer Krieg, die Fehde zwischen Mutter und Tochter, fand seine Fortsetzung: Lady Cunard wohnte einen Steinwurf von Nancy entfernt. Auch sie war in Amerika gewesen und fand bei ihrer Rückkehr ihr Haus am Grosvenor Square von Bomben zerstört vor. Noch schlimmer traf sie vielleicht, dass ihr Lebensgefährte Thomas Beecham sie nach dreißig gemeinsam verbrachten Jahren verließ, um eine viel jüngere Frau, eine Pianistin, zu heiraten. Nun setzte sie ihre Empfänge in einer Suite des Dorchester Hotels fort. Ein weiterer herber Schlag für Lady Emerald war es gewesen, dass ihre Freundin Wallis Simpson doch nicht die neue Königin von England wurde, wie die

Lady es sich erhofft hatte. Als King George V. 1936 starb, verzichtete der Prince of Wales auf die Thronfolge, und so fühlte sie sich um den letzten gesellschaftlichen Aufstieg gebracht, der zum Greifen nahe gewesen war.

Wer Nancy und Lady Cunard kannte, versuchte zwischen den beiden Frauen zu vermitteln – doch selbst Schicksalsschläge konnten weder Tochter noch Mutter erweichen. Nancy wurde im Salon der Mutter weiterhin totgeschwiegen. Während des Blitzkrieges, den Bombardements über London, besuchte Nancy Freunde auf dem Land. „Als sie uns wieder verließ", so Sylvia Townsend Warner, mit der Nancy Cunard in den dreißiger Jahren in Spanien Bekanntschaft machte, „ließ sie die schweren afrikanischen Elfenbeinarmreifen über ihre Handgelenke gleiten und bat uns, auf sie Acht zu geben. In einem Dorf in Dorset seien sie sicherer aufgehoben, als in London. Sie blickte traurig auf ihre Handgelenke, nachdem sie die Armreifen abgelegt hatte. Sie hätte sich weniger nackt gefühlt, wenn sie ihre Kleidung ausgezogen hätte."[49]

Die Rückkehr Nancy Cunards nach Frankreich nimmt sich aus wie der Anfang eines langen Endes. Wenngleich sie sich keinerlei Illusionen darüber gemacht hatte, ihr Hab und Gut unversehrt vorzufinden, so traf sie der Anblick, der sich ihr bei der Heimkehr nach La Chapelle-Réanville bot, wie ein Schlag ins

Gesicht: Das kleine Landhaus war von Kollaborateu-
ren, Dorfbewohnern, denen die eigenwillige Nancy
schon immer ein Dorn im Auge gewesen war, vollkommen verwüstet worden; sämtliche Schätze hatten
deutsche Truppen blindlings dem Erdboden gleichge-
macht, die geschändeten Bilder und Masken moder-
ten auf dem Grund des Brunnens vor sich hin, retten
ließ sich so gut wie gar nichts mehr. Der Verlust war
mehr als niederschmetternd, denn die Besitztümer,
die Nancy Cunard in all den Jahren vor dem Krieg
an jenem kleinen Ort in der Normandie von verschiedenen Flecken der Erde hierher zusammenge-
tragen hatte, stellten ja mehr als nur Kunstobjekte
dar – wie die Elfenbeinarmreifen waren es Symbole
ihrer Identität gewesen. Das Pogrom in ihren eigenen
vier Wänden hatte das Herzstück eines Lebenswerks
vernichtet; Briefe und Manuskripte waren nicht verschont geblieben. „Das Wenige, was, zumeist verwüstet,
in der Normandie übrig geblieben war, schien zu
sagen: 'Nichts von alledem hat jemals dir gehört.'"[50]
Fassungslos musste Nancy Cunard auch noch zur
Kenntnis nehmen, dass der Bürgermeister des Dorfes,
ein Kollaborateur, in Amt und Würden blieb – und
dies war nur die Spitze eines Eisbergs. Das politische,
von der Integration Europas durch Amerika bestimmte
Klima im Nachkriegsfrankreich war schon bald all
jenen abträglich, die – ob Mitglied der Kommunistischen Partei oder nicht – linken oder pazifisti-

schen Kreisen angehörten, und davon waren vor allem Künstler und Intellektuelle betroffen, die sich in den dreißiger Jahren für libertäre politische Ideen eingesetzt hatten. *Authors take sides* war im Londoner *Left Review* erschienen, nachdem das traditionsreiche Londoner Verlagshaus Gollancz die Publikation abgelehnt hatte. Nun, da es um eine politische Neuordnung des Landes ging, interessierte sich kaum einer für die ethischen und ethnischen Fragen, die Nancy Cunard zur Diskussion stellte, geschweige denn für die Apartheidsangelegenheiten auf einem fernen Kontinent. Es schien, als sei ihr der Boden gleich doppelt unter den Füßen weggezogen worden – das Terrain in der Normandie war verbrannte Erde, das intellektuelle Betätigungsfeld unwegsam geworden. Nancy, die noch nie einer Ideologie das Wort geredet hatte, stieß zumeist auf taube Ohren. Ihr Versuch, ein Bewusstsein für die desolaten Bedingungen im Spanien Francos wachzurufen, mündete nicht in breiten Solidaritätsbewegungen, sondern belief sich auf Spendenaktionen, die sie selber organisierte. Ganz abgesehen davon, dass es Le Puits Carré kaum mehr zu renovieren lohnte, war die Stätte für Nancy Cunard ohnehin befleckt. Sie veräußerte das Haus für einen Pappenstiel. Nancy schien, mit fast fünfzig Jahren, an einem Nullpunkt angekommen zu sein. In einem Brief an die Freundin Janet Flanner beklagt sie gar, nicht im Bombenhagel 1936 in Spanien umgekommen zu sein – ein trauriges Geständnis, worin sich die ganze Resignation niederschlägt, zu der die Jahre nach dem Zweiten Weltkrieg tatsächlich Anlass geben sollten. Daran änderte auch nichts, dass es Nancy nicht an jungen Liebhabern fehlte, wie dem vierundzwanzig Jahre jungen Finley, der eines Tages in Paris auf die schlanke Gestalt zugegangen und ihr seine Bewunderung offenbart hatte. Nancy genoss den Skandal, den sie als ungleiches Paar verursachten, indem sie für Mutter und Sohn gehalten wurden.

Nach längerer Suche fand Nancy Cunard in der ländlichen Abgeschiedenheit der Dordogne, in La Mothe-Fénélon, ihr neues Haus. Finley mochte das neue Heim überhaupt nicht: kein fließendes Wasser, kein Komfort und so gut wie keine Möbel. „Die Aussicht, einen Winter dort zu verbringen, schreckte mich, und ich beschloss den Abschied ... Die Beziehung flaute für mich jedenfalls ab, und ich fürchtete mich vor Nancys besitzergreifendem Wesen [...]. Zusammen mit ihr hatte ich kein eigenes Leben mehr."[51] Einmal mehr blieb Nancy alleine zurück, doch auch diesmal keine Spur von Tränen, kein Zeichen von Abschiedsschmerz. Sie schluckte alles herunter – mit Hochprozentigem. Die Zivilcourage, die sie besessen hatte, wenn es um die Belange anderer ging, fehlte ihr, sobald sie etwas Gutes für sich hätte tun können. Sich selbst kasteite sie. Die Wahl ihrer neuen Bleibe entsprach einer selbst auferlegten Klausur: Die verbleibenden vierziger und fünfziger Jahre standen im Zeichen einer Rückbesinnung, die wie eine Lebensbilanz anmutet. Nancys weitere schriftstellerische Aktivitäten richteten sich weniger auf die Zukunft der Menschheit, als auf die Vergangenheit einiger, weniger Menschen, die ihr einmal ans Herz gewachsen waren. Mit über fünfzig Jahren begann sie, ,autobiographische Biographien' zu schreiben: die Erinnerungen an zwei ihrer alten Freunde, beides liebevolle Huldigungen, *Grand Man, Memories of Norman Douglas* [Ein Großer Mann. Erinnerungen an Norman Douglas] und *GM, Memories of George Moore* [GM. Erinnerungen an George Moore], der 1933 im Alter von dreiundachtzig Jahren gestorben war.

Die Rückblicke wurden bald von weiteren, endgültigen Abschieden eingeholt: 1952 starb Norman Douglas; und als Nancy 1954 noch einmal mit Henry Crowder Kontakt aufnahm, erfuhr sie, dass er jetzt in den USA als Angestellter arbeitete und wieder mit seiner früheren Frau zusammenlebte. In seinen wenigen, an Nancy gerichteten Briefen, die genauso resigniert klingen wie der Titel seiner Erinnerungen an ihre gemeinsamen Jahre, *As wonderful as all that?* [War es wirklich so großartig?], schwieg er sich über sein Privatleben jedoch aus. „Mein Leben hier in den USA verläuft nach einem vorgefertigten Muster. Ziemlich dumpf und monoton, aber ich gehe auch mit keinem großen Interesse durchs Leben ..."[52] Ein Jahr nach dieser letzten Annäherung erfuhr Nancy Cunard von Henry Crowders Tod. Wiedergesehen hatten sie sich nicht mehr.

Am 10. Juli 1948 war auch Lady Emerald gestorben. Nancy wusste sehr wohl, dass ihre Mutter an Kehlkopfkrebs litt und nicht mehr lange zu leben hatte. Ihre Freundin Lady Diana Cooper flehte Nancy an, nach London ans Krankenbett zu kommen. Vergeblich – Nancy weigerte sich, weil, wie sie sagte, ihre Mutter sie nicht persönlich darum gebeten habe. Die Lady hinterließ ein Drittel ihres Erbes ihrer Tochter. Als sie starb, war Nancy mal wieder unterwegs, diesmal auf einer Wanderung durch die Pyrenäen, und als sie die Nachricht von ihrem Tod vorfand, war die Asche Ihrer Ladyschaft schon auf dem Grosvenor Square verstreut. Mutter und Tochter hatten sich nicht mehr wiedergesehen, sich nicht mehr miteinander versöhnt, zwei Frauen, die sich doch in noch viel mehr glichen, als durch die gleiche Leidenschaft für exzentrische Mode: Beide waren sie durch eine gescheiterte Vernunftehe ihrem Elternhaus entronnen, beide hatten sie sich in das Künstlermilieu gestürzt, beide einen Musiker zum Geliebten, den sie förderten: Lady Cunard hatte Beecham finanziell unterstützt und seine Karriere vorangetrieben, Nancy Cunard hatte die zur Vertonung geeigneten Gedichte als Textgrundlage gesammelt und 1930 in der Hours Press ein Songbook, *Henry-Music*, herausgegeben. Und beide Frauen hatten letztlich auf eins verzichtet: Mütter zu sein. „Keine berühmte Frau hatte Kinder. Elizabeth hatte keine, und was ist mit George Eliot, George Sand? Mutterschaft ist eine niedrige Angelegenheit: die niedrigste" – so wird es aus Lady Emeralds Salongeplänkel jedenfalls kolportiert.[53] Die mangelnde Zuwendung verzieh Nancy ihrer Mutter nie – und Maud Alice verzieh ihrer Tochter nicht, dass sie stets ein Leben verschmäht hatte, das in den schicklichen Rollen einer Frau aus der unbescholtenen, britischen Gesellschaft verlief.

Als *GM, Memories of George Moore*, im September 1956 erschien, urteilte die Presse einstimmig, dies sei das gelungenste Buch der engagierten Autorin. Auch der Kontakt zu Samuel Beckett wurde wiederbelebt. Als Nancy 1955 die Londoner Inszenierung des Theaterstücks *Warten auf Godot* sah, war sie nicht wenig stolz, einst Becketts Talent entdeckt zu haben. „Ich freue mich, dass du das Stück gesehen hast", antwortete er auf ihren Brief, „aber die französische Aufführung entsprach mehr meinen Vorstellungen, sie war beißender."[54] Er bat sie um ein Treffen in Paris, und Nancy war froh, Beckett, der sich in Frankreich in der Résistance engagiert hatte, unversehrt wiederzufinden. Als *Warten auf Godot* ein Jahr später auch in New York zur Aufführung kam, schrieb Beckett ihr begeistert, und wahrscheinlich genau das, was sie hören wollte: „Godot wurde im November am Broadway

wiederaufgenommen, AUSSCHLIESSLICH MIT SCHWAR-
ZEN BESETZT! Das sind wohl die schönsten Neuigkei-
ten, die ich zu berichten habe."[55]
Nach dem Erfolg des Buches plante Nancy eine Autobiographie – leider blieb es bei der Planung. Erhalten sind nur Notizbücher mit Skizzen. „Es wäre ein
ausgezeichnetes ‚Buch voller großer Namen', wenn
es geschrieben würde", notierte sie.[56] Das Projekt
scheiterte an der Unvereinbarkeit der Interessen:
Die Verleger, mit denen Nancy verhandelte, verlang-
ten allesamt nach einer Geschichte von einer Frau,
die – durch Fotografien von Man Ray zu einer
Ikone der Zwanziger geworden – „ein verlorenes goldenes Zeitalter von Frohsinn und Freizügigkeit"
repräsentieren sollte.[57] Nancy aber hatte sich in den
Kopf gesetzt, den Spanischen Bürgerkrieg in den Vor-
dergrund zu stellen, ein Thema, über das in den
Fünfzigern keiner mehr lesen wollte. Nancy lehnte
Kompromisse ab, und aus der Autobiographie wurde
nichts. Auch Vorträge über die gloriose Vergangenheit im goldenen Jahrzehnt lehnte sie ab, mit der
Begründung, ihr Asthma hindere sie am Sprechen.
„Asthma, Miss Cunard? In den Zwanzigern hatten Sie
doch noch kein Asthma! Versuchen Sie einfach, an
diese große Zeit zu denken." An Solita Solano schrieb
sie: „Denen wünsche ich Asthma an den Hals! Ich
fühle mich nicht ganz so krank, wenn ich mich an
diese Maschine setze, schreibe, korrigiere, kopiere."[58]

Mit Nancys Gesundheit stand es in der Tat nicht zum Besten. Sie betrieb einen Selbstmord auf Raten, rauchte und trank mehr denn je und schien das Essen dabei einfach zu vergessen. Die alten Freunde, die zu Besuch kamen, machten sich größte Sorgen. Niemand vermochte zu sagen, wie oft sie volltrunken ins Bett stolperte. In den Lungen hatte sich Wasser gesammelt, und sie konnte nicht mehr liegen, weil die Schmerzen dann zu groß wurden. Ihre Freundin aus der Zeit der Debütantinnenbälle, Iris Tree, längst Schauspielerin, zeigte sich betroffen über die Erscheinung von Nancy: „Es war schon ein leichter Schock, als wir uns [...] an einem frostigen, sonnigen Tag auf einer Straße in Rom zufällig begegneten. Sie trug ihren hochgestellten Pelzkragen, lief mit dem gleichen herausfordernden federnden Gang, hatte dieselben afrikanischen Armreifen an ihren zarten Handgelenken, die außerordentlich hellen blauen Augen glitzerten aus schwarzen, gemalten Schatten hervor [...]. Ich trug wie immer meine grellen Klamotten, mit herunterhängenden Fransen, einen Hund an den Fersen. Doch gerade diese äußeren Widerstände gegen die Zeit machten die modischen Finessen noch herzzerreißender, denn jeder geführte Kampf hatte unsere Gesichter geätzt, zerfurcht, zerklüftet, das Muster angegriffen, aber dennoch die Ansprüche verschont. Jede von uns hatte ihren Stil beibehalten und, gewohnheitsmäßig fließend, wurden die Gemüter fiebrig, rastlos innerhalb der Grenzen, in denen jede befangen blieb."[59]

Wenngleich Nancy viel Beistand hatte, so gab es doch kein echtes, beschützendes Gegenüber für sie. Männerbeziehungen waren immer wieder in die Brüche gegangen, und im Kreise der Protagonistinnen von der Rive Gauche war Nancy als heterosexuelle Frau eine Ausnahmeerscheinung. Solita Solano und Janet Flanner lebten mit ihren Freundinnen zusammen. Dafür waren wieder einmal öffentliche Stimmen im Chor zu hören – immer verhalf Nancy anderen zu Klatsch und Tratsch, ob sie wollte oder nicht: Hatte ihre extreme Magerkeit in den zwanziger Jahren noch Schwärmereien über ihre durchsichtige Gestalt ausgelöst, so sah man sie nun wie eine wandelnde Figur der Anklage. Für Georges Sadoul war ihre gesamte Erscheinung „dünner als ein Körper aus Buchenwald"[60], die Zeitung *La Bataille* beschrieb sie „dünn wie die Elenden, die aus Ravensbrück zurückkamen"[61] – wobei das rechtsgerichtete Organ ihren traurigen Zustand als Indiz für das Scheitern eines unbequemen Freigeists interpretierte.

Nancy irrlichterte in der Welt umher, suchte verzweifelt nach Zielen, auf die sich ihre Energien richten ließen – als sie etwa in Venedig war, versuchte sie sich für die Gondolieri einzusetzen, die ihre Arbeit auf den Kanälen wie Sklaven verrichten mussten. Sie schrieb auch wieder Gedichte, die sie endlos redigierte und die schließlich in einer Schublade liegen blieben. Wenn Nancy nicht für eine Sache kämpfen konnte, schien sie nicht mehr zu wissen, was sie mit ihrem Leben anfangen sollte. Eine erschreckende Freudlosigkeit überschattete alles, was sie anfing – es war nichts aus der Vergangenheit übrig geblieben, was ihre Passion hätte sein können. Alkohol und Resignation hielten einander die Waage: Immer wieder kam es zu peinlichen Szenen, Nancy randalierte in Hotelzimmern und trat nach Polizisten, die sie zur Ordnung rufen wollten. Ihr Cousin Victor musste sie mehrmals von Polizeistationen abholen und sich dabei verpflichten, auf die Durchgedrehte Acht zu geben. Sie befand sich in einem Zustand, dass er es für ratsam hielt, sie 1960 für vier Monate ins Londoner Holloway Sanatorium einzuweisen, nachdem sie mitten in der Stadt wieder wegen irgendeines ordnungswidrigen Verhaltens festgenommen worden war.

Louis Aragon, der von Nancys Zustand erfuhr, schrieb einen engagierten Artikel über die Verdienste seiner einstigen Gefährtin, „Pour la Vie" [Für das Leben], den er in seiner Zeitschrift *Les Lettres Françaises* veröffentlichte. „Nancy Cunard ist nicht, wie sie glaubt, ‚so allein auf der Welt wie ein Neugeborenes', und es gibt Männer und Frauen in Frankreich, Spanien und Italien und im gesamten Schwarzafrika und den USA, die sie nicht vergessen haben und fordern, dass man sie korrekt behandelt."[62] In der Tat dachte man an sie an einem fernen Ort der Erde: In diesen tristen Tagen erreichte Nancy Cunard eine Nachricht, die ihr mehr wert sein mochte als Aragons Hommage und vielleicht deshalb so anrührend wirkt, weil ihre Art der Liebe hier endlich einmal mit derselben unverstellten, inneren Anteilnahme erwidert wird, die sie selbst an den Tag legte. Ein Mister Utchay, der seinerzeit für *Negro* einen autobiographischen Beitrag über die Diskriminierung schwarzer Lehrer durch weiße Missionare geschrieben hatte, teilte der Herausgeberin – die er persönlich nie kennen gelernt hatte – in einem Brief mit, dass er die von ihm gegründete Schule in Nigeria Cunardia genannt und seiner Tochter den Namen Nancy gegeben habe.

Noch einmal kehrte Nancy Cunard nach Frankreich zurück. Das Leben in der Dordogne war allein und ohne Hilfe undenkbar geworden; wenn sie niemanden zu Besuch hatte, der ihren Haushalt erledigte, hielt sie sich bei Freunden auf. Weihnachten 1963 trat ein, was jeder längst befürchtet hatte: Nancy, die sich bei dem Maler Jean Guérin in Antibes an der Côte d'Azur aufhielt, schlug im Schlafzimmer hin und brach sich dabei den Oberschenkel. Erst in den Morgenstunden wurde sie bewusstlos auf dem Teppich aufgefunden, in eine Klinik nach Nizza eingeliefert und rasch operiert. Eine Mixtur aus Schmerzmitteln und dem unvermeidlichen Alkohol trug nicht gerade zu Nancys

Nancy Cunard in Lamothe-Fénelon, Lot, Frankreich, 1963

Genesung bei. Die Rekonvaleszenz im Hause Guérins, der Nancy zwar weiterhin aufnahm, weil er sich einsam fühlte, jedoch bald das Alleinsein ihrer Launenhaftigkeit vorzog, nahm ein jähes Ende. Ohne konkreten Grund, in angespannter Stimmung, überwarfen sich die beiden, der Gastgeber verwies sie kurzerhand des Hauses, und am nächsten Tag trat sie den Heimweg an. Am Morgen bestieg sie den Zug Richtung Paris am Bahnhof von Nizza; Mitreisende wussten später zu berichten, dass sie während der Fahrt Unmengen trank und den Schaffner beschimpfte, weil er eine Uniform trug. Schließlich traf sie, mitten in der Nacht, in Orgeval in der Nähe von Paris ein, im Haus von Solita Solano, der Freundin aus alten Tagen, und Elizabeth Clark, ihrer Lebensgefährtin, die sich fragten, wie sie den Weg zu ihnen hatte finden können, ohne Schaden zu nehmen. Die beiden todmüden, um ihr Haus und die Freundin besorgten Frauen wagten es nicht, Nancy im Salon alleine zu lassen, die einen brennenden Zigarettenstummel nach dem anderen einfach auf den Teppich schleuderte. So ließen sie bis zum Morgengrauen einen Wortschwall aus Anklagen und Beschimpfungen über sich ergehen – es war Nancys Wut über den eigenen körperlichen Verfall: „Man dürfte seinen Körper nicht spüren."[63] Die Freundinnen alarmierten die resolute Janet Flanner, und verständigten sich mit ihr darüber, dass Nancy wieder ärztliche Hilfe benötigte und per Taxi nach Paris zu der Gefährtin aus früheren

Tagen gebracht werden sollte – bei der sie jedoch nie ankam. Sie hatte den Chauffeur angewiesen, direkt zu ihrem ehemaligen Liebhaber Raymond Michelet zu fahren, der inzwischen mit seiner Freundin in der Pariser Banlieue wohnte. Sie verlangte ungeduldig, die alten Freunde zu sehen, doch einzig die Sadouls waren zur Stelle, und niemand sah sich in der Lage, die Verantwortung für Nancy zu übernehmen, da sie jeden Moment erneut zusammenzubrechen drohte. So brachten sie sie in ein kleines Hotel im Quartier Latin, dann wollte man weitersehen, wie man der schwierigen Patientin ärztliche Hilfe zukommen lassen könnte.

Was sich in diesem Hotel abspielte, kann man nur mutmaßen. Elsa Triolet hat es sich in einem ihrer Romane so vorgestellt: „Sie ist ganz allein im Krankenhaus gestorben, es ist gerade ein Jahr her, im März 1965. Sie, die so viele Freunde hatte, die alles an ihr ertrugen, sie liebten, so wie sie war, ist alleine im Krankenhaus gestorben! Diese Szene im Hotel, die Freunde sahen sie an und standen hilflos um sie herum als sie die Treppe mit ihrem gebrochenen Oberschenkel hinaufkam ... Jede Hilfe lehnte sie ab. Sterbensmüde, auf einer Stufe sitzend, hob sie das Gesäß und bewegte sich so von Stufe zu Stufe fort ... was sage ich, Gesäß! nein, sie bewegte einen Knochen, der normalerweise nicht sichtbar ist. Da saß ein Skelett, die Gestalt des Todes, die den Oberschenkelknochen von einer Stufe zur nächsten schwang ... Ihr entfuhren Flüche über ihre Freunde, die bis hinauf ins zweite Stockwerk zu hören waren ... [...] Die verunsicherte Wirtin traute sich nicht, sie vor die Tür zu setzen; das geringste Vorgehen gegen Nancy hätte man ihr nicht verziehen, und dennoch ... Womit konnte sie bezahlen? Zweimal hatte man ihr Alkohol hinaufgebracht, sie musste betrunken sein. Was trieb sie da oben? Der Zimmerkellner berichtete, sie sortiere Papiere, der Boden habe damit vollgelegen. [...] Nancy verließ das Hotel, nachdem sie alle Papiere auf dem Teppich mitten im Zimmer verbrannt hatte; dies wurde nach ihrer Abreise festgestellt. Sie hätte das ganze Haus in Brand setzen können! Unten wartete sie lange auf einen Menschen, der nicht kam. [...] Man brachte sie ins Krankenhaus ... Das Krankenhaus setzte sich mit der britischen Botschaft in Verbindung. Sie wurde so beerdigt, wie man einen Skandal zudeckt. Religiös. Ich glaube, sie verfügt über ausreichende Energie, um zurückzukommen und die zu bestrafen, die diesen Befehl angeordnet haben."[64]

Sich selbst treu bis zum Schluss, unversöhnt mit der Mutter und mit der ganzen Welt, war noch die letzte Geste die des Aufbegehrens. Den Krankenschwestern erzählte Nancy Cunard bis zu ihrem Ende, sie schreibe an einem langen Gedicht gegen alle Kriege dieser Welt.

Nancy Cunard starb fünf Tage nach ihrem neunundsechzigsten Geburtstag, am 16. März 1965, unter einem Sauerstoffzelt im Pariser Hôpital Cochin. Zu der kleinen Trauerfeier in der Kirche der Britischen Botschaft in Paris erschien nur eine Handvoll Menschen – Janet Flanner, Raymond Michelet und Douglas Cooper, kein Hinterbliebenener aus der Verwandtschaft. Auch Aragon wurde nicht gesehen. Die Urne mit ihrer Asche verschwand im Kolombarium des Père Lachaise, in einer Nische mit der Nummer 9016. Nancy blieb eine Unbekannte auf dem Prominentenfriedhof; der Lageplan, auf dem die Grabstätten namhafter Toter verzeichnet sind, kennt bis heute keine Nancy Cunard, und auch der Friedhofswärter zuckt auf die Frage nach ihr nur ratlos mit den Schultern. Solita Solano veranlasste einige Jahre nach dem Tod der Freundin, dass wenigstens ihr Name auf der unpersönlichen Plakette eingraviert wurde.

Die Verstorbene hatte ihrem Rechtsanwalt gegenüber einmal den Wunsch geäußert, dass ihre Armreifen und die übrigen Schätze, die noch erhalten waren, in einer Sammlung zusammenbleiben und einmal ausgestellt werden sollten. Doch sie zerstreuten sich in alle Winde, genau so, wie sich die Freunde über die Jahre von ihr entfernt hatten. Raymond Michelet, der Freund aus Surrealistentagen, erklärt das so: „Nancy führte drei oder vier Leben zugleich, die sich manchmal verbanden, manchmal einander widersprachen und manchmal miteinander unverbunden blieben. Von einer Stunde zur nächsten konnte sie sich vollkommen verwandeln, zu einer ganz anderen Person werden. Aus diesem Grunde war sie eine ebenso faszinierende wie anstrengende Persönlichkeit für diejenigen, die wirklich ihr Leben teilten. [...] Aus jedem Moment ihres Lebens musste sie das Letzte herausholen. Nancy verzehrte sich wie eine Flamme."[65]

Einer Bekannten schrieb Nancy einmal vorhersehend: „Es war schon ganz lustig [...] mein Leben. Aber wieviel davon ALLEIN."[66]

TEXTE
VON NANCY CUNARD

HARLEM REVIEWED
aus: *Negro*, London 1934

Kann man nur durch Beschreibungen irgendeine visuelle Idee eines Ortes vermitteln? Ich glaube nicht, schon gar nicht von Harlem. Als ich es von der 7. Avenue aus zum ersten Mal sah, dachte ich sofort an die Mile End Road – die gleiche lange Perspektive, die gleiche Art kleiner, niedriger Häuser, vor denen auf den ersten Blick viele unbestimmbare Dinge auf dem Gehsteig herumlagen, die gleiche Menge von wehendem Staub, Papier und Abfall. Aber nein; der Maßstab von Harlem war ein ganz anderer. Nur von einem Punkt aus gesehen stimmte die Ähnlichkeit überein. Harlem erstreckt sich vom nördlichen Ende des Central Parks, wird auf einer Seite vom felsigen Hügel der Columbia Universität und auf der anderen von den Straßen, die auf den East River zulaufen, gesäumt und dehnt sich nach Norden hin mehr und mehr aus bis zu dieser eigenartigen, finsteren Unterbrechung in der Stadt, der Kurve des Harlem River, über den man durch das leblose Gerümpel hinübergeht sowie durch raue Mengen von Abfall, der in den sich plötzlich auftürmenden Bergen von noch mehr Müll zurückgelassen wurde (die Müllberge sind einfach typisch für alle Teile New Yorks). – Das jedenfalls ist das Gebiet Harlems. Manhattan und die 8. Avenue, die 7., Lenox Avenue, die 5. und die Madison Avenue, sie alle laufen hier hinauf, ausgehend vom Zentrum der Wolkenkratzer, diesen weiß und hell glänzenden Türmen des Stadtzentrums, die von der Perspektive Harlems aus betrachtet wie ein Trugbild aussehen. Diese Avenuen, so eindrucksvoll sie im eigentlichen New York auch sind, in Harlem erscheinen sie ganz anders. Sie sind alt, einige von ihnen rasseln von den Ketten der Hochbahn auf ihren eisernen Höhen, andere, die darunter liegen, scheppern ebenfalls durch die Unterführungen in ihrem donnernden Tunnel.

Warum heißt es Harlem, und warum ist es die sogenannte Hauptstadt der schwarzen Welt? Die Niederländer haben es im 17. Jahrhundert geschaffen; noch bis ins 19. Jahrhundert war es „weiß". Und dann, weil es alt war und sie es nicht wieder aufgebaut haben, weil es in einiger Entfernung vom Zentrum liegt, wurde es mehr und mehr den farbigen Menschen überlassen. Zuvor lebten diese in verschiedenen Vierteln New Yorks; es gab keine „schwarze Hauptstadt". Diese Hauptstadt existiert nun mit ihren ghettoähnlichen Slums rund um die 5. Straße, um die bürgerlichen Straßen und Wohnsiedlungen, einige aristokratische Avenuen oder Abschnitte davon gehören dazu sowie Läden, die in weißer Hand sind, und Selbstbedienungsrestaurants, kleine Kaufhäuser und die ganzen unzähligen Schönheitssalons für die Aufhellung der Haut und zum Glätten der Haare. Es gibt ein riesiges modernes Hotel und den Dewey Platz, wo farbige Menschen natürlich bleiben dürfen, und einen anderen, noch größeren, den Teresa, nur einige Schritte davon entfernt, wo sie sich natürlich nicht aufhalten dürfen. – Und das mitten im Zentrum Harlems. Solche Rassenbarrieren findet man an jeder Ecke; es hängt nur vom Zufall ab, ob man auf sie trifft oder nicht. Der Freund eines Farbigen wird vielleicht nicht für einen Eiskrem Soda mit jemandem in einen gewissen Drugstore an der 108. Straße gehen (wo Harlem zwar anfangen soll, es aber noch zu großen Teilen in „weißer" Hand ist); er wird darin vielleicht nicht bedient werden (auch nicht von einer farbigen Bedienung – auf Anordnung des weißen Chefs). Genau quer über den Harlem River brüllen einige weiße Gentlemen, die in einem Wagen vorbeisausen, Beleidigungen aus dem Fenster – man läuft gerade mit einem Farbigen daher. Mit demselben kann man später durch das Zentrum schlendern, ohne auf diese Hysterie zu stoßen – oder es passiert sogar noch einmal.

Einige 350.000 Neger und Farbige leben in Harlem und Brooklyn (der zweiten und recht unterschiedlichen Gegend im weiteren Umkreis New Yorks, wo sie sich zusammenschlossen). Amerikanische Farbige, Inder, Afrikaner, Lateinamerikaner. Die letzteren, Spanisch sprechend, bildeten rund um die 112. Straße und die Lenox Avenue ein Zentrum. Wenn man dort herumläuft, hört man fast nur Spanisch. Das Tempo der Gesten und Schritte, die Atmosphäre ist ganz anders. Es ist der Rhythmus der Puertoricaner, der Zentralamerikaner und Kubaner. Nationalismus existiert, mehr oder weniger heftig, zwischen ihnen und den Schwarzamerikanern – ebenso wie eine in der Tat eifersüchtige nationale Stimmung zwischen amerikanischen Farbigen und schwarzen Jamaikanern herrscht. Die letzteren behaupten, sie seien besser was die Geschäfte betrifft; die farbigen Amerikaner hätten keine Unternehmer. (Sehen wir hier etwa den Mantel der Briten als Nation von Ladenbesitzern um die Schultern der Inder gehängt?) Der amerikanische Farbige betrachtet die Jamaikaner oder britischen Inder als „weniger zivilisiert" als sich selbst; Witze über dessen Akzent und Benehmen gehören in Harlem zur Tagesordnung. Alle sind ständig damit konfrontiert, sie fallen aus hohler Überlegenheit in Unterlegenheit und vergessen darüber ganz den weißen Feind.

Wenn man jemandem Harlem bei Tag zeigte, wird man ihn unvermeidlich auf die neuen Rockefeller Apartments hingewiesen haben, die einen riesigen Block bilden, der über einen eher spärlich besiedelten und sichtlich sehr armen Teil der 7. Avenue hoch hinausragt. Er wurde gebaut von dem Millionär gleichen Namens und sollte die Bedingungen der schwarzen Arbeiter verbessern, indem ihnen saubere und komfortable Unterkünfte bereitgestellt wurden. Nun wird er aber von all denen bewohnt, die dafür, wie auch immer, die Miete aufbringen können. Das Y.M.C.A.

und das neulich errichtete Y.W.C.A. zählen eher zu den Einrichtungen für „gehobenes Wohnen". Die öffentliche Bibliothek Harlems ist mit einer guten Sammlung von Büchern über die Kultur Farbiger ausgestattet, aber nur mit einigen wenigen Werken über afrikanische Kunst, so wenige, dass man sofort denkt: Warum gibt es in dieser Hauptstadt der schwarzen Welt kein Zentrum, wenn auch klein, für Afrikanistik? Die amerikanischen Farbigen – es handelt sich hierbei um eine Verallgemeinerung mit kaum einer Ausnahme – sind vollkommen uninteressiert, lieblos gegenüber dem, was Afrika ist, und was es war. Viele von ihnen sind aufs heftigste „rassistisch", wenn es um die Staaten geht, aber hinsichtlich ihrer Vorfahren sind sie nicht einmal neugierig.

Nachts wird man einen Fremden zum Lafayette Theater mitnehmen, der „Wiege der neuen Stars", die in ganz Amerika bekannt werden und dann nach Europa kommen. Es ist eine wohlwollende alte Halle, in der man sofort den Eindruck gewinnt – weil dort noch nicht einmal Programme gedruckt werden –, dass das gesamte Publikum alle Akteure kennen muss; die Halle vermittelt einfach dieses Gefühl von Vertrautheit. Ich hörte hier einige der besten Witze, und die Darsteller können sich eine Menge harter Zoten erlauben. Ralph Coopers Orchester spielte bewundernswert in dieser Nacht, als das ganze Viertel anwesend war. Jeder sollte es hören. Die Musiker sprangen einfach auf die Bühne und begannen ihre Show. Das Publikum ging gnadenlos mit einer Menge dieser neuen Künstler um, die an jedem anderen Ort außerhalb Amerikas mit Bravour bestanden hätten. Der Tanz der Schuhputzer von der Straße, zwei oder drei waren es, sie hatten die Kiste auf dem Rücken, setzten sie dann ab und tanzten um diese herum, war so perfekt, dass die Menge ihnen viel Beifall spendete. Niemand, der diesen aktuellen Tanz von Harlem in Harlem nicht sah, kann sich ein Bild von seiner erstklassigen Qualität machen. Von Jahr zu Jahr wird er reicher, komplizierter, exakter. Ich meine nicht die einzigartigen Snake-Hips und die wunderbaren Bo-Jangles, ich meine die Jungs und Mädchen von der Straße, die später *chorats* und *chorines* (Mitglieder im Chorus) werden, oder all die, die diese exquisiten kurzen Nummern bringen, wie in der Musik der *Three Ink Spots* (einem neuen Trio), Jugendliche von vielleicht 16 oder 17 Jahren, die Duke Ellingtons *Mood Indigo* spielen, dass einem die Tränen über die Wangen laufen.

Es gab auch einen neuen Tanz, eine dieser Erscheinungen der Welt wie sie im Savoy Ballroom getanzt werden, den Lindy-Hop. Es ist der passende dritte zu seinen Vorgängern, dem Charleston und dem Black Bottom. Diese gehören in die Zeit der kurzen Röcke, aber der Lindy ist der verblüffendere, wie er auch ebenso ungestüm ist (und ebenso schön), wenn die Röcke beim Tanzen über den Boden fegen. Kurze

Menuettschritte machen den Anfang, dann fallen sie plötzlich zurück in Luftsprünge, finden sich seitwärts wieder und fahren fort mit allen Variationen wie Blätter im Wind. Für den Lindy hatte natürlich Lindbergh Pate gestanden. Der Tanz wurde geschaffen zu Ehren seines ersten Triumphes.

Die Dienstagnacht im Savoy ist sehr berühmt, ebenso wie der Harlem *Drag Ball*, der nur einmal im Jahr stattfindet. Zu diesem Anlass kommen Jungs, die sich als Mädchen verkleidet haben – einige von ihnen in prächtigen und ausgefeilten Kostümen, die sie selbst gemacht haben; viele Weiße aus der Innenstadt kommen natürlich auch. Noch ein Wort zu der gefeierten *rent-party*, die von der Amerikanischen Presse mit so vielen überzogenen und falschen Andeutungen besprochen wird. Das ganze ist nicht mehr und nicht weniger als ein gewöhnlicher Tanzabend bei irgend jemandem zu Hause. Der „gemietete" Teil bildet seine Existenzgrundlage, denn die Gäste zahlen ungefähr 50 Cents Eintritt und helfen dadurch, die Miete zu bezahlen. Der Alkohol, den sie dort konsumieren, wird wie überall im trockenen Amerika (und zweifellos wird es selbst dann so weitergehen, wenn die Prohibition ganz abgeschafft ist) in dem Gebäude selbst hergestellt oder von einem befreundeten Gast. Die Musik rührt wahrscheinlich von einer besonderen elektrischen Orgel her, bei Einwurf eines Fünfcentstücks wird eine Melodie gespielt – nur die besten und neuesten.

Aber es ist die Begeisterung, die die Farbigen dazuge-
ben, und die Freude, die sie daraus beziehen, Dinge,
die bei den Weißen einmal mehr für Neid sorgen.
Bedenken Sie, wie viele der Weißen in Amerika
unwirklich sind; sie sind blass. Der Farbige dagegen
ist sehr real; er ist anwesend, und die Weißen wissen
das. Deshalb kommen sie nach Harlem – aus Neugier,
Eifersucht und anderen Gründen, die sie selbst nicht
kennen. Dieser Wunsch, Menschen anderer Herkunft
nahe zu sein, hat oft nichts ehrliches an sich. Wo
die Weißen hinströmen, in die Nachtklubs zum Beispiel, wie das Connie's Inn, den Cotton Club und
das Small's, in teure Kabaretts wird das ehemalige farbige Publikum nicht mehr länger zugelassen. Bei den
beiden erstgenannten ist dies der Fall, in die letzten
beiden findet das farbige Publikum nur noch wider-
willig Einlass. Nein, in das Connie's Inn kann man mit
seinen farbigen Freunden nicht gehen. Der Ort ist für
Weiße. Die „Nigger" sollen bedienen und die Musik
machen –, und hinterher taucht der Weiße in das
ein, was er als „einen farbigen ‚dive'" bezeichnet, und
dann heißt es „Evening, Mr. Brown", höflich und
herzlich, weil es ja ein wirklich farbiger Ort ist und
weil der Weiße sich dort seiner selbst in Wirklichkeit
überhaupt nicht sicher ist ...
Das bezieht sich auf die breite Masse derjenigen
Weißen, die mit Harlem auf die gleiche Art umzuge-
hen pflegen, wie englische Lackaffen darüber reden,

„sich unter das gemeine Volk zu mischen". Die Klasse, an die ich dabei denke, ist die der „Klubgänger". Sie wollen Unterhaltung. Geh nach Harlem, heißt es dann, dort ist mehr los. Es erschüttert überhaupt nicht ihre Vorstellung, die sie sich von dem sozialen Status der Farbigen machten. Zu allen Zeiten hat der Schwarze die Weißen unterhalten, aber niemals wurde er von dieser Sorte Weißer als sozial gleichwertig angesehen. Es gibt, trotz allem, Tausende von Künstlern, Schriftstellern, Musikern, Intellektuellen, etc., die gute Freunde unter den Farbigen haben und bestens über Harlem Bescheid wissen, über „die Freiheit von Harlem", um es so auszudrücken.

„Du musst dir ein *revival meeting* ansehen", sagten sie zu mir. „Es hat überhaupt nichts von denen im Süden, aber du solltest es nicht verpassen." Vorher dachte ich, dass ich es nicht länger als zehn Minuten aushalten würde – zehn Minuten in irgendeiner Kirche ... Als wir in der Reverend Cullen's in der 7. Avenue ankamen (der Geistliche ist der Vater des Dichters Countee Cullen), wartete dort bereits ein riesiges Publikum auf den „Tanzenden Evangelisten" (das ist Bectons Titel aufgrund seiner unglaublichen körperlichen Aktivität). Eine Gruppe von „Schwestern", die alle in weiß gekleidet waren, breitete sich wie ein Schwarm Fans auf dem Balkon aus. Es gab eine Konzertbühne mit Diakonen und einigen von Bectons zwölf Schülern sowie die sieben oder acht absolut erstklassigen Musiker, die das

Orchester um Lawrence Pierre, einen guten Organisten und Schüler, bildeten. Der Ort hatte nichts mehr von einer Kirche, es war eine Konzertbühne.

Musik erklang, ein dunkles Stück von Bach, dann erfolgte eine kurze feierliche Ansprache, woran sich die langen Spirituale anschlossen, dem kräftigen Solisten antwortete dabei der Chorus, den das Publikum bildete. Die Anwesenden begannen allmählich, mit ihren Füßen den Takt zu schlagen. Der „Geist" erschien mit der Klangfülle des Sounds: In diesem Augenblick trat Becton ruhig ein, stand lautlos auf der Bühne, sagte kein einziges Wort. Sie mussten erst noch etwas mehr singen, viel mehr; sie mussten durch und durch reif werden. Wie versöhnte das Publikum Bectons erlesenes, gepflegtes Äußeres (perlgrauer Anzug, Zylinderhut, Gehstock, elfenbeinfarbene Handschuhe, seine jugendliche Erscheinung und seine liebenswürdige Persönlichkeit) und das ganze Glitzern um ihn herum mit der üblichen Schwerfälligkeit der anderen, farblosen Männer Gottes? Waren es kultivierte Zuschauer? Nein, sie schienen vor allem häusliche Arbeiter zu sein, kleine Ladenarbeiter, alt und jung, ein offensichtlich religiöses Publikum mit ein oder zwei Weißen dazwischen.

Ein neues Spiritual begann; das Singen wurde intensiver, überall wurde nun mit den Füßen getrampelt, die Körper wiegten sich, die Hände klatschten einheitlich mit. Ab jetzt ertönte immer wieder eine Stimme, verschiedene Stimmen, die sich über das restliche Publikum mit einem einzigen Satz erhoben, das Trampeln der Füße ging in ein Stampfen über. Ein Wald schoss in die Höhe – schwarze, braune, elfenbeinfarbene, bernsteinfarbene Hände – er breitete sich aus, steife Finger, Gebärden der Schuld, als man sich auf die Brust schlug, steife Arme gestikulierten, es war eine vibrierende Ekstase. Weit von mir entfernt im Publikum wurde eine Frau „ergriffen“, sie sprang auf ihrem Platz auf und ab und schlug dabei auf ihre Brust ein. Ebenso geschah es erst hier, dann dort – wer würde der nächste sein? In einem Augenblick zählte ich zehn Frauen, die in diesen gleichförmig heftigen Trancezustand geglitten waren, keine zwei mit den gleichen Gesten, jedoch alle in einem Rhythmus. Einige wenige Männer hatte es auch gepackt, aber weniger spektakulär. Dann, genau hinter mir, so dass ich es gut sehen konnte, traf es ein junges Mädchen. Nach einem ersten Schrei sprang es hoch und runter, die Augen waren weggetreten, die Arme hielt es ausgestreckt – das Mädchen war gar nicht mehr anwesend. Nach ungefähr einer Minute wurde es von den Leuten an seiner Seite ergriffen und zurückgehalten.

Der Höhepunkt des Singens setzte dann ein. Es ist unmöglich, das Ausmaß dieser immensen Wellen der Klangfülle und der rhythmischen kleineren Wogen zu vermitteln. Man wird völlig mitgerissen. Es hat nichts mit Gott zu tun, sondern mit dem Leben – einem kollektiven Leben, wofür ich keinen Namen finde. Die Leute waren ganz und gar außer sich – und dann, plötzlich, hielt die Musik inne, Ruhe setzte unmittelbar darauf ein.

In dieser vorbereiteten Atmosphäre schritt plötzlich Becton über die Bühne, tadelte die Leute für ihre Sünden, führte durch ein geschicktes Wort ihre willige Aufmerksamkeit zu dem einen oder anderen Punkt seiner Argumentation, vielleicht war er ein Klugschwätzer. Er war ein Dichter der Rede und sehr elegant in all seinen Bewegungen. Seine Inszenierung war großzügig – und wie sie ihm alle antworteten ... „yeah, Mann, ... sag es, sag es". Die Sünde, drohte Becton, ist „Katzenfutter", ein „doppelter Draufgänger". Und was ist der Sünder? „Ein zweifacher Schurke", donnerte dieser „Adagio-Tänzer", wie sich Becton selbst in jener Nacht nannte. Er kippte abrupt in eine andere Stimmung um, in eine Ermahnung jenseits dieses unbeschreiblichen Etwas aus Drohungen und Ermahnungen. Es waren Gesten wie bei einem Wirbelwind, wenn Becton sich um sich selbst drehte, klangvoll rhythmisch die Handflächen schlug und eine Art charakteristisches Halb-Pfeifen-Halb-Johlen ausstieß, bevor ein Gedanke besonders betont werden sollte; seine Beredsamkeit brachte immer reicher und reicher werdende Bilder hervor. Becton war die Personifizierung des Expressionismus, ein großer Dramatiker. Sie erinnern sich sicher an Chaliapine, als er Boris Godounov spielte; diese beiden sind vergleichbar.

Dann, als Tausende zitterten, war es an der Zeit, in die Hände zu klatschen, das Singen setzte wieder ein, aber der Trancezustand war vorüber; andere Prediger durften vielleicht später noch reden. Dieses Ritual dauert von zwanzig Uhr bis nach Mitternacht, ungefähr vier Nächte pro Woche findet es statt, und manchmal sind beide, die Gläubigen und der Evangelist, so unermüdlich, dass es 24 Stunden durchgeht. Diese Veranstaltungen, wirklich einzigartige Konzerte, sind die großartige Manifestation der Emotion einer Rasse – desjenigen Teiles der Farbigen, der von der Religion so vereinnahmt wurde, dass er immer noch davon durchdrungen ist. Eine Manifestation dieser Art würde bei weißen Menschen vollkommen widerlich verlaufen sein. Aber mit den Farbigen ist es etwas entschieden anderes, bei ihnen ist es nicht verbunden mit Christus oder der Bibel, sondern es ist einfach das pure Herauskehren ihrer eigenen Gefühle, ein natürlicher Ritus. Mit anderen Worten, es ist die Leidenschaftlichkeit, die Intensität, der gewaltige Rhythmus und die Woge des Gesanges, das so edel ist – daneben ist das Christentum nur zufällig, beiläufig. Nicht so diese Versammlung natürlich, alles daran ist tief, hartnäckig religiös. Ich habe all diese Details des *revivalist meetings* genannt, weil es so fantastisch ist und, ästhetisch gesprochen, so bewegend.

Wenn Verrat und Lüge seine Haupteigenschaften sind, dann blüht der Snobismus in gewissen Teilen Harlems. „Streberreihe", so wurde die 139. Straße genannt. Ein exzellenter Deckname für diese Äthiopier, wie es einer ihrer eigenen Witze beschreibt. Es gibt Cliquen, die den Weißen nahe stehen; Gruppen von Mulatten, Dunkelhäutige, die sich niemals gegenseitig nach Hause einladen würden; einige würden einen Weißen nicht über ihre Türschwelle treten lassen. Die blaublütigen Schwarzen von Washington sind berühmt für ihre soziale Exklusivität, es gibt auch einige in Harlem. Ich weiß nicht, ob ein fremder Weißer dort Einlass finden würde, möglicherweise nicht. Der Snobismus rund um die Hautfarbe ist erschreckend. Die Hellhäutigen und die von brauner Hautfarbe schauen auf die Dunkelhäutigen herab; von einigen werden Freundschaften mit Weißen gar nicht toleriert – eine verständliche, aber vollkommen unbefriedigende Reaktion auf die generelle nationale Haltung von Weißen gegenüber Farbigen, die dem sozialen Gleichheitsstatus zuwiderläuft.

Eine Reihe der jüngeren Schriftsteller hat ein Bewusstsein für Herkunft und Abstammung im falschen Sinn entwickelt, sie machen daraus eine Art erzwungene, selbstbewusste Sache und vermitteln das Gefühl, als suchten sie förmlich nach Hindernissen, die einem gegenseitigen Verständnis im Weg stehen. All das, in der Tat, ist eine Gesellschaft der Rache! Eine bürgerliche Ideologie ohne Horizont, ohne philosophische Verknüpfung mit dem Leben. Abgesehen von all dem, es muss gesagt werden, haben solche Schriftsteller wie Van Vechten und Konsorten eine abscheuliche und billige Lithographie geschaffen, so dass Harlem für ein großes kleingeistiges Publikum nicht mehr bedeutet als eine Gegend bis an den Rand mit Schnaps gefüllter Nachtklubs und mit Kokain gefüllter Boudoirs. Van Vechten, der Inbegriff des Vulgären, hat Harlem als eine einzige Grimasse dargestellt. Er würde in der gleichen Weise über Montparnasse oder Limehouse und Soho geschrieben haben. Existieren diese Orte oder ist es das Leben selbst wie Paul Morand (der auf seine Weise von „farbigen Angelegenheiten" profitiert) es beschrieb? Claude MacKay machte es besser. Die Studien über Beziehungen von Menschen unterschiedlicher Hautfarbe (in Ginger Town) sind ehrlich. Aber seine Leute und auch er selbst haben ebenfalls dieses falsche Bewusstsein bezüglich unterschiedlicher Herkunft; sie sind anstößig. Die „Wiedergeburt der Dunkelhäutigen" (die literarische Bewegung von ungefähr 1925, von der man nun sagt, sie sei zum Stillstand gekommen, und man wundert sich, in wessen Namen dies behauptet wird) brachte viele Bücher und Gedichte hervor, die angefüllt waren mit dieser bitteren Süße von Harlems Funkeln und Kummer der Herzen. Das entspricht nicht dem Harlem wie man es sehen kann. Man sieht nicht das Harlem der Romanciers. Harlem ist romantisch auf seine eigene Art. Es ist hart und stark; sein Lärm, seine Hitze und Kälte, seine Schreie und Farben sind so. Die Nostalgie ist auch gewalttätig; das ewige Radio dudelt Tag und Nacht und durchdringt alles, drinnen und draußen, es wird irgendwie zur Personifizierung der Ruhelosigkeit, der Sehnsüchte und der Sippen. Dann die großartige Rauheit, das Gurgeln der Stimme Louis Armstrongs, die ebenfalls überall hervordringt. Wie anderswo auch findet man die echten Leute auf der Straße. Ich meine diese jungen Männer, die an der Ecke stehen, und die Leute, die alle den ganzen atemlosen, bleiernen Sommer hindurch draußen auf den Stufen sitzen. Ich meine die jungen Männer im Pelham Park, die Sportgruppen (und man sieht viele von ihnen in ihren leuchtenden Sweatern), die Kraft einer Rasse, ihre Schönheit.

In Harlem kann man Gefallen an einer Herkunft finden. Schlendern Sie einfach die 7. Avenue hinunter – die verschiedenen Abstammungen und Typen sind nicht zählbar: Jegliche Vielfalt von Knochenstrukturen, Kopfformen, Hautfarben; Mischungen zwischen Orientalen und reinen Farbigen, Juden und Dunkelhäutigen, Indianern und Dunkelhäutigen (eine besonders schöne Mischung, sie haben immer diese hohen Wangenknochen und manchmal glattes schwarzes Haar), Mulatten in allen Schattierungen, gelbe stolze Mädchen, havannafarbene Mädchen und, exquisit erlesen, die Mischungen von Spaniern und Farbigen. Die Knochen der Schwarzen und auch ihre üppigen Körper sind eine Freude für die Augen. Obwohl es immer mehr Leute von hellerer Farbe gibt, ist es eine große Befriedigung zu sehen, dass die Merkmale des weißen Amerikaners in den Mulatten aufgegangen sind und dass der Mulatte kein, wie so oft in England, farbiger Mann mit den bloßen Merkmalen und oft auch mit dem Ausdruck eines weißen Mannes ist. Der weiße Amerikaner und der Farbige geben eine in physischer Hinsicht gute Mischung ab.

(Übersetzt von Kerstin Nethövel)

EVENINGS

Now when you hear the musing of a bell
Let loose in summer evenings, mark the poise
Of summer clouds, the mutability
Of pallid twilights from tower's crest –
When you have loved the last long sentiment
Slipped on-to earth from sunset, seen the stars
Come pale and faltering, the blaze of flowers
Grow dim and grey, and all the stuff of night
Rise up around you almost menacing –
When you have lost the guide of Colour, seen
The daylight like workman trudging home
Oblivious of your thoughts and leaving you
Silent beside the brim of seas grown still,
Placid and strange. When you lingered there,
And shuddered at the magic of a moon
That will not sleep, but needs your vigilance
And seizes on the musings of your soul
Till you are made fanatical and wild,
Torn with old conflicts and the internal fire
Of passion and love, excessive grief of tears
And all the revolutions found in life –
What then? your body shall be crucified,
Your spirit tortured, and perhaps found good
Enough a tribute for some ultimate art.

Aus: Outlaws *von Nancy Cunard, 1921*

La République dans les Prés

À Picasso

Ah! ce train d'idées accompagnant les trains
Qui foncent vers les Pyrénées de la frontière:
„Si le vert est tendre, hésitant comme une promesse,
Jamais n'ai-je vu le coquelicot si rouge,
Mâle, mâcomme un cri de lutte ...“
Les fleurs le disent pour qui les sait cueillir,
Les pois sauvages, l'un pourpre et l'autre jaune
Et du royal pavot le frère fluet:
Rojo, morado, oro;
Point n'est besoin de drapeaux ni bannières,
Juin et Juillet s'accordent –
Les fleurs le chantent à qui les sait choisir.

Aus: Poèmes à La France *von Nancy Cunard, 1946*

ANMERKUNGEN

1   Holroyd, 151.
2   Cunard, *GM*, 22.
3   Fielding, 50.
4   Tree in Ford, 19.
5   Cunard, *GM*, 33.
6   Chisholm, 23.
7   Chisholm, 60.
8   Cunard, *GM*, 120.
9   Chisholm, 101.
10 Chisholm, 142–143.
11 Cunard, *GM*, 42.
12 Chisholm, 37.
13 Chisholm, 137.
14 Gilbert in Ford, 202.
15 *The Knave of Spades* im Textteil
16 Chisholm, 141.
17 Cunard, *GM*, 127.
18 Vgl. Andrea Weiss, *Paris war eine Frau*.
19 Goll, 144.
20 Arlen, 60ff.
21 Guggenheim, 322.
22 Aragon, 60.
23 Bei Aragon heißt es: "Il n'y a pas d'amour heureux."
24 Chisholm, 412ff., Brief vom 19. Juli 1960.
25 Cunard, *GM*, 176.

26 Ford, 252.

27 Ankündigungsliste der *Hours Press* im Bildteil

28 Ford, 253.

29 Ford, 71.

30 Fielding, 58.

31 Chisholm, 216.

32 In *Crisis*, September 1931.

33 Nach Chisholm, 184.

34 Nach Chisholm, 184.

35 Vreeland, 85.

36 Chisholm, 250.

37 Chisholm, 219–220.

38 *Tribune*, 6.5.1932

39 In *Negro*, 173.

40 Lowenfels, zitiert nach Bair, 156–157.

41 Cendrars, Blaise. 1928. *Anthologie nègre*. Paris: Sans Pareil.

42 In *Negro*, 198.

43 Crowder, zit. nach Chisholm, 153.

44 Hobson in Ford 232.

45 Crowder, zit. nach Fielding, 94.

46 Crowder, zit. nach Chisholm, 182.

47 Chisholm, 120.

48 Fielding, 141.

49 Townsend Warner in Ford, 226.

50 Ford, 71.

51 Finley in Chisholm, 286.

52 Crowder, zitiert nach Chisholm, 298.

53 Fielding, 97.

54 Beckett, zitiert nach Chisholm, 305

55 Beckett, zitiert nach Chisholm, 305.

56 Chisholm, 306.

57 Hobson in Ford, 230.

58 Chisholm, 431.

59 Tree in Ford, 22–23.

60 Chisholm, 438.

61 Der Artikel ist betitelt: 'Zu revolutionär um kommunistisch zu sein, die reiche Erbin hat Millionen ausgeschlagen und lebt vom Schreiben in einem französischen Dorf'.

62 Aragon in Fielding, 169.

63 Fielding, 167.

64 Triolet, 152–156.

65 Michelet, zitiert nach Chisholm, 172–173.

66 Townsend Warner in Ford, 229.

BIBLIOGRAPHIE

Veröffentlichungen von Nancy Cunard (Auswahl)

1921. *Outlaws*. London: Elkin Mathews.

1923. *Sublunary*. London: Hodder and Stoughton.

1925. *Parallax*. London: Hogarth Press.

1931. *Black Man and White Ladyship*. London: The Utopia Press.

1934. *Negro*. London. Reprint 1969. New York: Negro Universities Press.

1937. *Authors take Sides on the Spanish Civil War*. London: Left Review.

1944. *Poems for France*. London: La France Libre.

1954. *Grand Man, Memories of Norman Douglas*. London: Secker and Warburg.

1956. *GM, Memories of George Moore*. London: Rupert Hart-Davis.

1969. *These were the Hours*. Carbondale: Southern Illinois Press.

Verwendete Literatur

Aragon, Louis. 1968. *Aragon parle avec Dominique Arban*. Paris: Seghers.

Arlen, Michael. o.J. *The Green Hat*. London: Collins. (Berlin, Ullstein).

Bair, Deirdre. 1991. *Samuel Beckett. Eine Biographie*. Hamburg: Kellner.

Benstock, Shari. 1987. *Women of the left bank. Paris 1900–1940*. Austin: University of Texas Press.

Chisholm, Anne. 1979. *Nancy Cunard*. Harmondsworth: Penguin.

Cooper, Lady Diana. 1962. *Die Memoiren der Lady Diana Cooper*. Frankfurt/M.: Insel.

Daix, Pierre. 1993. *La Vie quotidienne des Surréalistes 1917–1932*. Paris: Hachette.

Duhamel, Marcel. 1972. *Je ne raconterai pas ma vie*. Paris: Mercure de France. 249.

Fielding, Daphne. 1968. *Emerald and Nancy. Lady Cunard and her daughter*. London: Eyre & Spottiswoode.

Ford, Hugh (Hg.). 1968. *Nancy Cunard. Brave Poet, indomitable rebel*. Chilton Book Company.

Goll, Claire. 1987. *Ich verzeihe keinem*. Berlin: Rütten & Loening.

Guggenheim, Peggy. 1984. *Ich habe alles gelebt*. Bergisch Gladbach: Bastei Lübbe.

Holroyd, Michael. *Carrington. Eine Liebe von Lytton Strachey*. Reinbek: Rowohlt.

Lowenfels, Walter. 'The Paris Years, 1926–34', Teil 2, *The expatriate review*, Vol. 2. 10.

Mackworth, Cecily. 1993. 'Quelques souvenirs de Nancy Cunard.' In: *Faites entrer l'Infini* Nr.16, Dez. 1993. 20.

Moore, George. 1957. *Letters 1895–1933 to Lady Cunard*. London: Rupert Hart-Davis.

Wir haben die Wahl

Herr Professor Weizenbaum, bei fast jedem Ihrer zahlreichen öffentlichen Auftritte – Vorträge, Diskussionen, Talkshows – werden Sie als begeisterter Computerpionier vorgestellt, der sich zum heftigen Kritiker seiner Zunft, also vom Saulus zum Paulus verwandelt hat. Wie erklären Sie diese Verwandlung?

■ Bitte nicht Saulus-Paulus, dieser Vergleich passt nicht! So wie ich die Saulus-Paulus-Geschichte verstehe, war dieser Saulus ein ziemlich fürchterlicher Kerl, der die Christen gejagt und verfolgt hat. Dann hatte er, Saulus, eine Vision, und in wenigen Tagen verwandelte er sich in einen Heiligen, Sankt Paulus.

Erstens, und das möchte ich doch betonen: Ich habe niemanden verfolgt. Und zweitens hatte ich auch keine Epiphanie, keine Offenbarung, keine Vision, die mich in wenigen Tagen oder Wochen oder sogar Jahren verändert hätte. Natürlich habe ich mich über die Jahre weiterentwickelt und in diesem Sinne auch verändert. Wenn ich mein Leben jedoch rückblickend betrachte, dann sehe ich Pfade. Wichtige Pfade, die von meiner Kindheit bis heute ununterbrochen verlaufen. Auf diesen Pfaden gab es keine Diskontinuität, auch was meine wissenschaftlichen Aktivitäten betrifft.

Der Computerwissenschaftler entwickelte sich also kontinuierlich und zwangsläufig zum Computerkritiker?

■ Nicht zum Computerkritiker. Ich bin kein Computerkritiker. Dieser Begriff ist sinnlos. Computer können mit Kritik nichts anfangen. Nein, ich bin Gesellschaftskritiker. Es geht mir um die Rolle des Computers in unserer Gesellschaft.

Welchen Einfluss hat denn der Computer auf unsere Gesellschaft?

■ Ich glaube, man sollte eher umgekehrt fragen: Welchen Einfluss hat die Gesellschaft auf den Computer, seine Entwicklung und seine Bedeutung? Die Perspektive also umkehren. Denn daraus ergibt sich die Frage nach der Wertfreiheit. Ich höre oft die Ansicht, der Computer sei ein reines Arbeitsgerät, eben bloß ein Werkzeug und deswegen wertfrei. Das stimmt nicht. Der Wert eines jeden Instruments und eines jeden Werkzeugs in der menschlichen Welt ist durch die gesellschaftlichen Umstände geprägt.

Ich gebe Ihnen ein Beispiel: Sagen wir, Sie kennen mich ziemlich gut und Sie wissen, dass ich Pazifist bin und viel über Gewaltfreiheit spreche. Sie kommen zu Besuch in mein Haus und öffnen eine Schublade, weil Sie nach dem Telefonbuch suchen. Stattdessen finden sie darin eine Pistole. Sie würden staunen: Joseph Weizenbaum – er hat eine Pistole im Haus? Sie fragen mich: „Warum haben Sie eine Pistole?" Ich antworte: „Sie wissen ja, dass ich schöne Bilder mag. Um sie aufzuhängen, muss ich Nägel in die Wand schlagen. Dafür benutze ich die Pistole."

Man kann doch sagen, ob eine Pistole ein böses oder ein gutes Instrument ist, kommt ganz darauf an, wie man sie benutzt. Okay, ich sage, ich benutze sie als Hammer. Aber das ist lächerlich. Der Wert der Pistole wird bestimmt von der Gesellschaft, in die die Pistole eingebettet ist, und in Amerika, ganz besonders in der amerikanischen Stadt, hat die Pistole eine ganz bestimmte Funktion, eine ganz bestimmte

Triolet, Elsa. 1968. *Ecoutez-voir*. Paris: Gallimard.

Vreeland, Diana. 1984. *D. V.* London: Weidenfeld and Nicolson.

Weiss, Andrea. 1995. *Paris war eine Frau*. Dortmund: edition ebersbach.

Abbildungsverzeichnis

Frontispiz, Seite 8: Cecil Beaton

Seite 10: © National Monument recors, London

Seite 17, 44, 60: © The Harry Ransom Humanities Research Center, Austin/Texas

Seite 31: © Curtis Moffat

Seite 36: © Prints and Photograph Division, Library of Congress, Washington

Seite 40, 59, 78: aus: Hugh Ford, *Nancy Cunard. Brave Poet, Indomitable Rebel 1896–1965*, Philidelphia / New York / London 1968

Die Deutsche Bibliothek – CIP-Einheitsaufnahme

Ein Titeldatensatz für diese Publikation ist bei der
Deutschen Bibliothek erhältlich

1. Auflage 2002
© edition ebersbach
Droysenstraße 8, 10629 Berlin
www.edition-ebersbach.de

Umschlaggestaltung: Antje und Sybille Hassinger,
Dortmund, unter Verwendung einer Fotografie
von Man Ray, © Man Ray Trust, Paris / VG Bild-
Kunst, 2002.
Druck und Bindung: Westermann Druck, Zwickau
Alle Rechte vorbehalten
ISBN 3-934703-24-0